生活礼仪一百问

马宇彤/著

天津出版传媒集团

天津古籍出版社

图书在版编目（CIP）数据

生活礼仪一百问 / 马宇彤著. — 天津：天津古籍出版社，2012.10
ISBN 978-7-5528-0012-8

Ⅰ.①生… Ⅱ.①马… Ⅲ.①礼仪—问题解答 Ⅳ.①K891.26-44

中国版本图书馆CIP数据核字（2012）第111748号

生活礼仪一百问

马宇彤/著

出版人/刘文君

*

天津古籍出版社出版
（天津市西康路35号　邮编300051）
http://www.tjabc.net
三河市富华印刷包装有限公司印刷
全国新华书店发行
开本 787×1092 毫米 1/32 印张 6.5 字数 150 千字
2012年8月第1版　2012年8月第1次印刷
ISBN 978-7-5528-0012-8
定　价：14.00元

目录

常识篇

1. 走路还用学吗 /03
2. 把车开好才有身份 /06
3. 骑车也是骑文明 /09
4. 学会排队受益终生 /10
5. 两手一搭不叫握手 /12
6. 外出住店,学会一夜留"名" /13
7. 在高雅艺术面前,你是一种什么风度 /15
8. 公共场合,万一迟到了怎么办 /17
9. 披金戴银无小事 /18
10. 香水岂能一喷了之 /19
11. 洗手间里藏礼仪 /20
12. 手机彩铃别随心所欲 /22
13. 争做网络绅士、淑女 /23
14. 节俭是无声的礼仪 /24
15. 吃饭座位如何排列 /26
16. 服务员送的小零碎干什么用 /28
17. 西餐礼仪知多少 /28
18. 筷子之间藏着什么秘密 /32
19. 如何分配一条鱼 /35
20. 水果盘里有什么讲究 /37

21. 结账时核对账单算不算失礼 /39

22. 商务宴请有什么规矩 /40

23. 婚礼请柬如何写 /42

24. 穿上婚纱怎么走路 /43

25. 婚礼胸花你会戴吗 /44

26. 教你给来宾排座位 /45

27. 婚礼当天流程表 /46

28. 婚礼红包如何掏 /49

29. 怎样应对闹洞房 /49

30. "回门"小窍门 /50

31. 你知道这些结婚纪念日吗 /51

32. 你知道多少送花常识 /53

33. 这些花束都有什么寓意 /55

34. 不同地点摆不同的花 /56

35、你知道什么节送什么花吗 /58

36. 鲜花朵朵表何意 /60

37. 你的星座和花语是什么 /62

38. 怎样注意个人形象 /63

39. 电梯间就是礼仪课堂 /65

40. 烟民请注意,最好内外无别 /66

传统篇

41. 团团圆圆年夜饭 /71

42. "福"字到底怎么贴 /74

43. 贴在春联上的学问 /75

44. 拜年规矩一二三 /80

45. 正月十五为何闹元宵 /81

46. 清明节:不可不知的礼仪 /82

47. 端午不只是粽子 /84

48. 七夕节,我要怎么表白 /85

49. 月饼之圆寓何意 /87

50. 重阳敬老礼何求 /88

51. 你知道这些谦辞的来历吗 /90

52. 常用敬辞面面观 /93

53. 常用谦辞大检阅 /101

54. 这些雅语你会用吗 /105

55. 有多少古礼可以重来 /107

56. 传统礼仪是如何教化民众的 /114

57. 中式婚礼一点通 /117

交往篇

58. 你会写求职信吗 /123

59. 名企喜欢哪种简历 /125

60. 你知道特色面试吗 /127

61. 面试时，首先学会站与坐 /129

62. 外企面试要多留几个心眼儿 /130

63. 上班礼仪一二三 /131

64. 职业装怎么穿 /133

65. 影响同事关系的八种言行 /134

66. 和领导成功相处的三大原则 /136

67. 你会打电话吗 /138

68. 接送名片有讲究 /140

69. 如何面对办公室冲突 /141

70. 冲突后怎么言归于好 /143

71. 为什么下班前五分钟很重要 /144

72. 白领如何修炼好人缘 /145

73. 辞职也要讲礼仪 /146

74. 你了解新闻发布会基本礼仪吗 /148

75. 抱怨需要大智慧 /150

76.短信是最好的提醒 /151

77.导购员，不能等客户烦了才醒悟 /153

78.探望病人最应该注意什么 /155

79.慰问礼仪知多少 /156

80.你应该了解的剪彩礼仪 /157

81.良好的沟通是成功的一半 /159

82.如何安排会见和会谈 /160

83.与外国人打交道有哪些禁忌 /162

84.如何称呼外宾最得体 /165

85.中外手势含义一样吗 /167

86.如何与外宾喝咖啡 /169

87.与国际友人交往要遵循哪些国际惯例 /170

88.签字仪式安排技巧 /171

89.给外宾送什么纪念品 /172

90.道别时请千万不要依依不舍 /173

91.献花学问可不少 /175

92.出入境时，你代表的是中国 /176

93.赴宴都有哪些规矩 /178

94.小费单后"写"着你的为人 /181

95.接待多批客人技巧 /182

96.你懂得敬茶的学问吗 /183

97.称谓他人,你会"三思而呼"吗 /188

98.以礼待"E妹" /190

99."地主"应该做什么 /192

100.如何敬酒恰到好处 /193

常识篇

常识篇——当今社会，不管你是精英，还是草根，礼仪都是不可或缺的基本素质，它就像信用记录一样，影响着一个人的社会评价，决定着一个人的社会"分级"。

1. 走路还用学吗

答案是肯定的。

衣食住行,日日为之。一个正常的婴儿,呱呱坠地后,最迟到了两岁就会顺畅地走起来,难道这个孩童都能手到擒来的动作成人之后还要重新温习吗?

这里所说的走路既是自然人也是社会人的走路。公安部提供的统计数据显示,十多年来,中国(未含港澳台地区)每年发生交通事故50万起,死亡人数均在10万人左右,连续占据世界第一位。这无疑是一块黑色的纪念碑,镌刻着多少个家庭的破裂与悲痛。公众每次看到空难新闻时,都会被那瞬间的阴阳两隔刺激得泪水涟涟,但是可曾联想过,上述交通事故的日死亡人数不就相当于每天从中国大陆的上空坠落一架大型客机吗？

交通事故居高不下的原因，除去机动车数量激增外，还有一个重要的因素便是行人的违规行走——无视信号灯，想怎么走就怎么走；不远处便是人行天桥，但偏偏要冒险跨越护栏；明知是快速路，却仍然大无畏地穿越绿化带，从车水马龙中招摇过市……

这些规矩不是在幼儿园里就已经烂熟于心了吗？怎么到了成人后却任凭三令五申，任凭那些惨痛的教训摆在眼前却仍然无动于衷呢？

且不论缺少严惩酒驾那样的高压态势，也不说人人心中存在的侥幸心理，成年人不会"走路"的尴尬现实折射的是两个突出问题：一是对于生命的基本敬畏，二是日常生活中的许多规则还仅仅停留在规则层面，尚未成为一种潜意识的行为习惯，所以，有必要再重温一遍基本的行路礼仪。

出门在外，人车分道，行人必须在人行横道上靠右侧行走，当今城市的人行横道上大多铺有凸起的彩色盲道，健全人不要占据这条通道以免给残疾人带来不便。过路口时，要按照信号灯的提示，从斑马线上通过。过马路时，绝对不能直接横穿或跨越栏杆及隔离带，而要选择过街天桥或地下通道。

千万记住,这样走路不是为了作秀,而是为你的生命加了一把保护锁。

走路的规矩还有很多,比如有些人,特别是上班族,为了赶时间,一边走路一边吃着早点或零食,而把包装袋等废弃物随手向街上一丢,看得环卫工频频摇头;比如有些人走着走着突然在刚刚扫净的街道上擤鼻涕、吐痰甚至小便……

看到此情此景,你还会觉得走路仅仅是个人行为吗?它其实是一支测试表,显示着一个人乃至一座城市的文明指数。

走路的基本规矩还有——当狭路相逢时,切记年轻人谦让老年人,男士谦让女士,健康人谦让残疾人;遇到相识男女同行时,男士应该自觉走在靠马路一侧,以示保护女士的风度;上楼时,男士应走在女士之后,而下楼时男士则应走在女士之前作为安全导引;雨雪天气时,如果你撑伞而行,务必留意身旁行人,以防雨水淋湿他人的衣物;拜访一个陌生场所,向人问路时,要以礼相待,得到答复后,哪怕对方的回答并未解决你的疑问也要表示谢意,绝不能掉头就走;如果遇到行人向你问路时,一定尽己所能予以解答,假设你不知道,可以据实相告或者为对方提供有价值的线索;在路上遇到交通事故或他人争吵或有人发病或交警、城管等人员执行公务时,不要围观起哄。

2. 把车开好才有身份

一个个甚嚣尘上的炫富案例,似乎给人错觉,仿佛香车、豪宅就是成功人士的主要标志,其实,人的品位高低,来自内涵而非外物,一辆好车带来的真实信息仅仅是它的价格,并不能等同于驾车者的身份,开一辆好车人人向往,但把好车开好才是层次的体现。

倘徉街头,不需多久,就会有一幕幕不协调的场景映入眼帘:十字路口,一辆顶级名车的车窗缓缓降下,里边伸出一只纤细的手,将口香糖、面巾纸、香蕉皮等杂物随手一抛,洒落一地,此刻,绿灯亮起,豪车绝尘而去;一位美女气质高雅,一身名牌,驾车至黄网格时,不但未停线外,反而对几位稍嫌迟缓通过此处的老太太口出不逊……

在所有城市机动车保有量不断增多的情况下,路难行已成城市公害,随之而生的一个新名词便是"路怒症",意为本来彬彬有礼的绅士、淑女一旦坐在方向盘前,马上脱胎换骨,变成动辄国骂的粗鄙之人,为什么呢?除去有些行人不自重外,驾车者自身的修养欠缺占据了主导因素。要知道,把车开好需要的不仅是驾校教授的技巧,还有许多技术之外的常识性规矩;要知道,你开的既是车,也是一个品位之人的风度。

那么,一个合格的驾驶者必须具备哪些礼仪才算过关呢?

首先是遵纪守法,做到"三不":不将车辆交给没有驾驶证者使用,饮酒不开车(虽然个人体质不同,前一天晚上如果饮用100克以上白酒者最好24小时之内不要开车),在知情情况下,不驾驶"病车"上路。此外,有些药物也会对驾驶安全造成隐患,务必遵照医嘱或在详细阅读药品说明书后做出是否适宜驾车的科学判断。还有,过度疲劳时一定将车辆停至安全地带,稍事休息之后再继续前行,疲劳驾驶和酒后驾车是世界公认的两大出行杀手,必须彻底杜绝。

当然,开车礼仪不止这些,还要记住以下细节——

开车时,不要吸烟、饮食、接打手机,不能不系安全带;

开车时要礼让其他机动车辆,不要强行超车或侵占其他车辆车道,主动避让老人、儿童和残疾人;

开车时要有涵养，遇到塞车一定耐心等候，不能肆无忌惮地鸣笛；

开车时要厚道，遇到红灯时，如果你排在停车线最前面，最好不要占据右转兼直行车道，因为那样的话，如果跟在你后面的车都是右转车辆，就会因为你而无法通行造成不必要的压车；

开车经过人行横道或繁华地段时，一定要减低车速；

如果不幸与其他车辆发生刮蹭，无论是谁的责任，一定要以礼相待，因为没有人愿意遇到车祸或是故意为之，具体责任自有交警认定，人车损失自有保险公司承担，所以，没有必要恶语相向、吵闹不休甚至大打出手；

夜晚开车时要及时关闭远光灯，己所不欲勿施于人，试着想想，会车时你愿意对面的车辆大灯晃得你眼前一片茫然吗？

年轻人将车贴作为爱车的重要装饰，表达着自己的人生态度，但是切记文如其人，那些脏字连篇或者有侮辱女性之嫌的车贴，并不能起到向谁示威的作用，反而被人看低了人品；

雨雪天气通过泥泞或积水路段时，如果你减速轻轻驶过，不仅不会让车轮溅起的泥水弄脏行人，还会收到他人感激的目光；

依照惯例,轿车座位有高下之分,最尊贵的座位是后排右座,其余次序依次是后排左座、后排中座、前排右座,当有亲友同乘时,男士和晚辈应照顾女士和长辈,请他们先上后下,并为他们开关车门,女士上车时,最好面朝车门缓缓坐到座位上,然后将双腿并拢移进车内;下车时,最好双脚同时落地,这样的姿势比一前一后要优雅许多;

无论何时,汽车进入社区时都不要鸣笛,遇到老人、小孩以及宠物时,要先行停下,耐心等待其慢慢通过;

无论何地,停放车辆时都不能堵塞消防通道和出入通道,不能将车辆开上人行道或占压草坪,更不能在停车场上练习驾车,自行清洁车辆时,要将污水倒入专门准备的水桶中集中倒掉,不能随意泼在小区的甬道上,也不要打开车门大放音响以免影响他人休息。

3. 骑车也是骑文明

中国是世界第一自行车大国,在提倡低碳环保的今天,很多私家车主又重新加入自行车大军,短途上班、办事时,都会选择自行车这种方便、快捷、经济的交通工具。目前城市的非机动车道普遍较窄,加之混行行人,更显拥挤。骑自行车(包括助力电动车)和开机动车一样,同样有着基本的"车德"。

当你需要超越前车时,一定记住提前响铃示意并从左侧骑过,这样做是为了避免对方如果右转时突然撞上;

骑车转弯时,一定提前做出手势并侧身观察身后车辆,向左转时务必拐大弯,绝不能拐小弯逆行;

多人一起骑车出行时,千万要鱼贯而行,不能并排行驶"横行霸道",更不能玩"飞车"追逐赛;

骑自行车同样需要注意交通标志。有些道路是单行路或属于游览区的步行街,那么即使是自行车也要绕道而行。

4. 学会排队受益终生

曾有外国友人感慨"为什么中国人不会排队"?的确,生活中,我们在很多公共场所都能见到拥挤的场面,人们争先恐后,唯恐自己挤不上去,结果欲速不达。其实,排队看似小事,却是社会秩序的晴雨表,是公民素养的试金石。不妨回放几个生活中最为常见的镜头——

公交车站。一辆公交车缓缓进站，车门刚刚打开，这时，没有排队栅栏约束的候车乘客呼啦一下围拢上来，你争我抢，互不相让，甚至有人将背包从车窗外扔到一个座位上，然后双手撑在门框上，"率先"挤上车。上车后，几对年轻情侣占据了最好的座位，熟视无睹后来跟上的老年人。车开了，有人在旁若无人地打着手机，有人在聚精会神地嗑瓜子、剪指甲，丝毫不在乎果壳是否飞溅到地板上，在这个嘈杂的环境里，只有浑水摸鱼的"扒手"们笑了，因为混乱的场面成了他们天然的掩护。

银行营业厅。因为这里尚未安装叫号机，所以由工作人员招呼储户自觉排队。一位储户被叫至柜台办理业务，他身后的黄色一米线醒目地画在地上，但是仍有三位储户无视它的存在，几乎贴身站在前一位储户后面，眼巴巴地看着他一个个键入密码。

曾有学者深入剖析过中国人不会排队、不愿排队的原因，认为是物质短缺时代的后遗症，那时，谁能抢到足够的资源，谁就能增加生存的机会，以致这种潜意识代代相传，逐渐演变为一种行为方式，即便是在满是空车的公交终点站，即便是候车人数并不很多，乘客们仍然习惯于在车尚未停稳时就一拥而上。

排队排的是谦让、文明和素质。一个不会排队的人一定是一个不善于合作、不懂得体恤他人的人,这样的人,无论在职场还是朋友圈中,都会受到诟病,最终失多得少。

5. 两手一搭不叫握手

生活中最为常见和常用的礼仪就是握手。见面、接待、迎送时时处处都要握手致意,但握手并非两手一搭那么简单,里面同样有着不少的门道。

握手的标准姿势是行至对方一米处,双腿立正,上身略向前倾,伸出右手,四指并拢,拇指张开与对方相握,一般的礼节性握手需要力度适中,以不握痛对方为限,上下或左右略摇三、四次后松手,与人握手时,神态要专注、热情、自然,目视对方双眼,同时致以问候语,绝不可以顾左右而言他。

握手是讲究次序的,不能见人便握,一般原则是男女之间握手,男方要等女方伸手后才能以手相握,如女方无握手之意,可以点头或鞠躬代替,与女性握手时不能握得太紧,一般仅握一下手指部分即可;宾主之间握手,主人应先向客人伸手以示欢迎;长幼之间握手,幼者需等待长者先伸手;上下级之间握手,下级要等上级先伸手以示尊重。多人同时握手时,切忌交叉相握,必须等待他人握手后再伸手相握。军警人员佩戴军、警帽与人握手时,应敬礼之后再握手。

还要注意的一点是,不要在握手时戴手套或墨镜,另一只手也不能放在衣袋中,但女士可在社交场合戴着薄纱手套与人握手。除长者或女士外,坐着与人握手极不礼貌,务必要起身握手。

6. 外出住店,学会一夜留"名"

只要出门在外,就会四海为家,打尖、住店是必须之选。入住宾馆、饭店,虽然独处一室,但也是在"群居"环境中,时时处处要注意与他人和谐而居。中国游客给人留下的"深刻印象"之一便是不顾场合地吵闹,喜欢旁若无人、高门大嗓地聊天,特别是入住酒店以后,刚刚安顿下行李,马上扎堆聚会,大敞房门说话、打牌或者重重地关门,要么几个人聚在酒店大堂或走廊里高谈阔论,影响了他人休息,也坏了其他房客的情绪。

出门在外不同在家,一定注意内外有别。在客房内尽可身穿睡衣、内衣和拖鞋,但一旦走出房门去大厅、餐厅等公共场所,必须换上相应服饰。还有一点极其重要的是,在倡导低碳环保的世界语境下,境外许多酒店均不提供"酒店六小件"(即一次性牙刷、一次性牙膏、一次性香皂、一次性浴液、一次性拖鞋、一次性梳子六种生活常用品),所以一定自备,为地球家园做一点贡献。如果在一个酒店住宿超过两夜,可以向服务员声明床单、枕巾等无须换洗。低碳环保意识是一个人综合素质的时代表现。

即便在客房里也同样存在礼仪问题,起码的要求是不能随地吐痰或将烟灰弹在地毯上,更不能在房间的墙壁上乱画图案,使用卫生间后务必清理干净,淋浴时一定将围帘下部置于浴缸之内以免水滴湿地板。个别中国游客退房时,房间一片狼藉,更有甚者,竟有人拿起雪白的毛巾或床单当做擦鞋布,还有人悄悄带走酒店的毛巾或烟灰缸,留下了极不体面的名声,要知道,如何对待酒店的房间,实际上是一个个人人品和修养的最真实写照。

7. 在高雅艺术面前,你是一种什么风度

古语云"仓廪实而知礼节",物质生活无虞后,人们自然而然地要去追求精神满足。城市中的大剧院、音乐厅,每到周末都是好戏连台,高雅艺术受到越来越热烈的追捧,情侣们陶醉其间寻找美好的寓意,家长带着孩子感受生动的教材,但我们也常常看到媒体披露的高端乐团的顶级指挥家对于观众无礼行为表示抗议的遗憾消息,这些观众要么对于高雅艺术的规矩所知甚少好心办了坏事,要么是生搬硬套了中国艺术的欣赏规律,那么,常见的高雅艺术品类中,到底有哪些与众不同的规矩呢?

首先是保持安静。

也许是受早年间戏楼、茶馆表演的影响,很长一段时间里,中国观众习惯将这些场所当作茶话会的首选,瓜子、萝卜、手巾板,上面演一会儿,下面聊半天,如果将这种陋习"移植"到高雅艺术场

合，在演出过程中交头接耳将被认为是极端粗鲁的行为。

即便不与同去的朋友聊天，一些观众还是存在着令人反感的零碎之举。吃零食、喝饮料即是其一，灯光暗下后，四周无声，这个时候，咀嚼零食传出的咔咔声有时会让人难以忍受；还有的观众喜欢频繁将手包的拉链拉开、关上，这些杂音会分散周边观众的注意力，而那些异样的响动更是使人烦躁；如果再加上习惯性的咳嗽、抽鼻、清嗓的噪声，一场音乐会很可能看得兴味索然。

其次是适时鼓掌。

不了解鼓掌时机是中国观众欣赏高雅艺术的普遍问题。艺术讲求完整和连贯，如果中途被掌声贸然打断，会使艺术家的情绪大受影响，所以，作为一名高水准的观众，既不要随意挥霍你的掌声，也不要过于吝啬你的掌声，你的掌声必须恰到好处，以下的节点都是应该鼓掌的时候——

无论何种艺术形式，每次落幕时应该鼓掌。结尾时，观众如果希望表演者返场加演应该延长掌声。

欣赏歌剧时应该在每次咏叹调和每一幕剧结束之后鼓掌。

音乐会的鼓掌要领是：当作曲家站在指挥台前时，观众应该鼓掌热烈欢迎,但在独奏和演奏部分曲目时绝不能鼓掌,必须等到全部曲目结束才能鼓掌。

不是每位观众都对西方艺术有较深研究,这也不要紧,技巧就是"鼓掌慢半拍",因为场内总有内行,尽可跟随他们的掌声表达你的谢意。

当前,因为丁俊晖等一批斯诺克台球高手的崛起,这股热潮日渐汹涌。斯诺克虽属体育范畴,但也被称为绅士运动,因其具有英国皇室血统,所以有着严格的礼仪规范。观众现场观看斯诺克台球比赛时应该注重其间的礼仪:一是选手击球时不能喧哗或发出任何干扰性声音;二是不能在球场内吸烟、喝酒、随意走动;三是拍照时不能使用闪光灯;四是不要在选手打进每一个球后都鼓掌,而是在选手做出高难度解球动作、单杆过百、打入"超分制胜球"等情形下和每局比赛结束才能送出掌声。

8. 公共场合,万一迟到了怎么办

守时是人际交往和参与公共活动的基本礼仪,但由于交通路况的不确定性,迟到在所难免,那么,万一遇到这种情况,你该怎么办?

有些比赛由于开赛后必须保持场内安静,因此迟到者将禁止入场,这时,你要配合工作人员的指挥,虽然迟到也许不完全是你的过错,但也必须服从多数人的利益,在入口处耐心等待,待比赛间隔时抓紧入场。

如果是足球等气氛热烈的比赛,观众对迟到者相对宽容,这时你要尽快就近找个空位坐下,待中场休息时再对号入座。

如果你对某个体育场馆并不熟悉,那么最好的办法是请工作人员帮忙。因为很多比赛场馆出于安全考虑会隔断相邻看台,一旦走错就需要重新转上一圈儿,手拿门票在场馆里转来转去,一来耽误观看,二来影响他人。即便场馆看台之间可以通行,礼貌的做法是要尽量从场外绕到自己座位所属的看台,不要在别的观众面前挤来挤去。

9. 披金戴银无小事

对于爱美女士来说,一款得体的首饰几乎等于她的第二张脸,不仅延伸着美,而且装饰着她的气质,但佩戴首饰绝不能逞一时、一己之快,特别是那些职场女性或社交女性,饰品的选择大有文章。

职场女性以着职业装为主,与其相应的首饰也应该简洁大方,以不妨碍工作为原则。上班时所戴饰品不能过于华丽和鲜亮,项链和耳环均不宜过长,否则会显得不够庄重。此外,镶有大块玉石、过于昂贵的戒指和容易发出声响的饰品也不适合出现在工作场所。

在社交活动中,还要根据不同场合佩戴不同的饰品。比如,一般情况下戒指只戴在左手,最好仅戴一枚,至多两枚,佩戴两枚戒指时,应戴在左手两个相邻的手指上或者戴在两只手对应的手指上。戒指的佩戴位置是有着明确含义的, 戴在中指表示已有意中人;戴在无名指表示已订婚或结婚;戴在小手指则暗示自己是独身者;戴在食指则表示单身或求婚。

10. 香水岂能一喷了之

首饰和香水,是女性为自己插上的两只美丽的翅膀。有资料显示,目前世界上的香水产品已经超过5000种。但香水并非时时处处都是扮美之物,如果使用不当真会"香水有毒"。

任何香水的芳香都来自化学合成,对于过敏人群是个不小的麻烦。如果你的周遭环境里有这类人士时,千万不要过度喷洒香水,不然你的享受可能就是他们的痛苦。

不少年轻人应聘或聚会时,喜欢"用香水换好感",但研究人员发现,人际交往中,一般都能够适应彼此的自然体味。如果对方喷洒了过浓芳香剂,反而会带来不快乃至厌恶。所以,喜欢涂抹香水人士一定掌握好这么几个原则以免适得其反——尽量使用天然成分含量高、化学合成物少的香水;尽量采用被普遍接受的大众香型;适量喷洒,因为香水尽管已将香精稀释,但仍属浓缩物,香气会长时间缓释,如果大量使用容易对人的嗅觉产生强刺激,引发头晕、恶心等症状。

11. 洗手间里藏礼仪

管天管地管不了人之"三急",洗手间是人人天天"光顾"之地,虽然公共洗手间内到处张贴着"向前一小步,文明一大步"的提示语,但很少有人认真想过,如何使用洗手间是最能体现一个人文明程度的参照物。

在旅游景点、影剧院等人流密集之处，按照国际惯例，不论男女，在洗手间有人占用的情况下，后来者必须排队等待，正确的排队方法是在入口处排成一列，待空位出现时，依次进入而不是呼啦一下挤进洗手间内。

洗手间虽属不洁之所，但只要悉心维护，就能改变脏、乱、臭的传统形象，前提当然是人人在意。在男女混用的洗手间内，男士的风度体现在一定将马桶的垫圈掀起来使用，以免滴溅到上面给女士带来不便，用过洗手间后务必记住冲水，如果担心冲水按钮不干净，不妨用卫生纸套住手指后再按冲水开关；女性卫生用品千万不能丢入马桶，否则极易造成堵塞。还有个别人双脚踩在马桶圈上方便，起身后将脚印留在上面，也有人用起卫生纸来一抽一抽地没有节制，导致后来者无纸可用，这些都是素质低下的行为。

现在，很多地方的洗手间早已抛弃"厕所"的通俗说法，要么以英文代替，要么以图案表示，概括起来，大致有以下主要标记——

WC，中国前些年的很多英语教材都称此为国际通行用法，实际上国外基本不这样指代厕所，比较常用的叫法是：Toilet(盥洗室)，Lavatory(厕所)，Wash Room(洗手间)，Rest Room(休息室)，Bath Room(浴室)。

男厕标示主要有:Men's Room,Gentlemen,Gent's,Men 等。

女厕标示主要有:Ladies'Room,Ladies,Women 等。

用图案标示男厕多是烟斗、胡子、帽子、拐杖、男士头像;而女厕则多以高跟鞋、裙子、洋伞、嘴唇、女士长发头像等表示。

儿童可以随父亲或母亲一起使用洗手间。但约定俗成的惯例是,女士可带男童进入女厕,但男士不能带女童进入男厕。

比较卫生的习惯是使用洗手间后立即洗手,洗手台一般均备有擦手纸和烘干机。纸巾擦干手后要扔入垃圾桶内。如果看到洗手间地面上放有"Wet Floor"等字样的黄色警示牌时,表示清洁工人正在工作,你一定要稍作等候或改用另外的洗手间。

12. 手机彩铃别随心所欲

有人说,出门在外有三样东西不能离身:钱包、手机和钥匙。短短十几年间,手机早已由曾经标榜身份的奢侈品变成男女老少几乎人手一部的大众消费品。手机依赖症、彩铃幻听症等多个新的生活方式病也相伴而来。个性化的手机铃声不仅透露着主人的性格秘密,也使这个世界变得格外动听。

但手机铃声可以个性,不能各色,特别是有些年轻人选用的"爸爸,来电话了""妈妈,来电话了"等铃声,在一些严肃场合显得非常不合时宜,所以,选择手机铃声绝不能随心所欲,而应遵循基本的规矩。

一是铃声不能粗俗。比如"有话快说,有屁快放"之类的铃声,无异于侮辱拨打者。二是铃声不能误导。比如有人将手机铃声设置为"抓贼呀,抓贼呀,抓偷手机的贼"的呼救声,就很容易产生误会。三是铃声不能错位,也就是选择个性化铃声一定要与年龄、身份匹配,否则会给人以不够稳重的感觉。四是铃声不能太响。手机铃声的音量设置以两米之内可以听见为宜,不然会对他人和环境造成干扰。

13. 争做网络绅士、淑女

网络的魅力之一便是虚拟和隐身,犹如科幻电影中的隐身人,躲于暗处随心所欲。中国传

统文化讲求"君子慎独",恰好适于网络冲浪者,网络礼仪既不是多余的,也不是作秀的,而是充分体现着本人的素质和对他人的尊重。现实世界中人际交往的礼仪在虚拟世界中同样必不可少,甚至可以这样定论,网络中的绅士、淑女才是真正意义上的绅士、淑女。

网络礼仪实际并不复杂,基本原则是记住"你不是一个人在战斗"。因为忽视他人存在的结果就容易忘记是在和他人打交道,行为常常变得粗鄙放肆。此刻的对策很简单,就是你当着他人之面不会说的话在网上也同样不说。

做到网上网下行为完全一致可能有些困难,但这恰是对一个人道德水准最大的挑战。现实生活中遵纪守法毫无问题的普通人一旦上网就会判若两人,这是他们在网上降低道德标准的结果,因此,网络礼仪一定从小事做起,比如争论时想方设法以理服人,不要进行人身和地域攻击;比如尊重他人隐私,不要随意传播他人的网络秘密等等。

14. 节俭是无声的礼仪

"谁知盘中餐,粒粒皆辛苦""历览前贤国与家,成由勤俭败由奢",这些诗句,大多数中国人从孩提时代就开始背诵,但为什么现实中频繁出现的炫富事件一次次刺痛了公众的神经?

毋庸置疑的是当今社会的价值取向发生了偏离。即便是在"吃不了兜着走"口号流行的今天,君不见各大餐饮场所推杯换盏后剩菜、剩饭堆积如山?君不见偌大个会场归于静寂后,摆在桌上的成百瓶矿泉水大多仅喝了半瓶?在各种社交场合,参与者关注的是今天的礼服是否抢眼,今天的首饰是否独特,有谁会去关注其中的巨大浪费?

节俭是最高的境界,节俭是无声的礼仪。一个致力于打造个人礼仪形象的人,千万不要忽视节俭的作用和分量,至少要做到以下两点——

一是适度"包装"。节俭并非号召所有人都去做苦行僧,只是但求有度。比如在社交场合,拥有从头到脚甚至武装到牙齿的奢侈品的人未必就能赢得他人的尊敬,低调、平和体现的才是一个人的修养,越是高端场合越不会以貌取人。

二是合理消费。没有人愿意被贴上暴殄天物的标签,所以,与人交往时,表达热情并不需要在物质上以量取胜,好酒好菜似乎仍不足以体现真情,非要点出超过承受能力的菜品,而且为了追求体面,宁肯让服务员将剩菜倒掉也不愿带走,殊不知这种行为会让你在他人的心目中大丢其分,反会认为你是一个没有层次、缺乏责任感的人。

生活中,无论节省什么都是美德,大到一次攀比消费,小到一张纸、一杯水,只要坚持,就能积土成山。节俭像其他所有礼仪一样,只有成为一种刻意为之的习惯,才算是你人生真正的财富。

15. 吃饭座位如何排列

民以食为天,食以礼为先。中华礼仪源远流长,其中餐饮礼仪占有重要比重。因为,自古至今,饮宴作为融通感情、交流信息、促进商贸、传播文化、化解矛盾的常规手段,早已超越其本身的温饱层面的物理意义,而上升到传情达意的社交层面的化学意义。所以,其间涉及的林林总总的细节也随之变成一个个象征,诠释着各种饱含深意的信号。

带有极强社交色彩的宴会,最重要的三个元素是怎么吃、怎么说和怎么坐。《礼记》中称"天地位焉",说的就是天地万物各司其职、各据其位,马虎不得。幼儿园时代开始朗诵的歌谣也在讲"排座座,吃果果",强调的依然是座次的重要性,所以,"排座次",是中国饮食礼仪链条中的第一环。

尽管由于桌具演进,今天宴会座次排法与历代有所变化,但总的四项基本原则始终一以贯之,即居中为上,以左为上,面门为上,以远为上。

当下宴席多为圆桌,正对大门的位置为主客,左手边依次为2、4、6,右手边依次为3、5、7,直至汇合(见图)。如果是八仙桌,则正对大门一侧的右位为主客。如果不正对大门,则面东一侧右席为首席。然后由首席左边开列为2、4、6、8,右边为3、5、7(见图)。家宴的位置按照辈分排列,首席为辈分最高者,末席为辈分最低者。

需要特别注意的是,中国礼仪以左为上,居左之位高于居右之位,但国际惯例恰恰相反,是右高左低,并且各桌就餐者宜为双数。如果宴会规模庞大,则首席居前居中,左边依次为2、4、6席,右边依次为3、5、7席(见图),根据主客身份、地位、亲疏分坐。

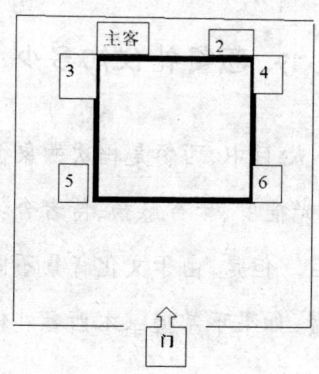

16. 服务员送的小零碎干什么用

宴席开始前,服务员通常会送上一块湿毛巾,千万记住,这是擦手的,不能擦脸,而且,左手边的那一块毛巾是你的,如果错拿,会给他人带来不便。毛巾用过之后,要放回盘中由服务员取回。稍后,服务员会再上一块湿方巾,方可用来擦嘴。

有些有可能用手触碰的菜品,诸如龙虾、烤鸡之类,上菜前会有一只小水盂端到面前,上面飘着几瓣柠檬或者玫瑰,它可不是饮料,而是专供洗手之用。此刻洗手的规矩是两手轮流沾湿手指,轻轻刷洗,然后用小毛巾擦干,绝不能将两手完全置于洗手盂中搓洗或者任意甩动。

17. 西餐礼仪知多少

在大多数人心目中,西餐是档次的象征,吃西餐是在吃品位和情调。烛光摇曳、琴声悠扬、侍者含笑、花香扑鼻的氛围的确赏心悦目。但是,由于文化背景不同,西餐的流程和规矩差别于中餐,如果不掌握基本西餐礼仪,很容易成为宴会上最扫兴的那个人。下面介绍十项西餐入门礼仪,其实,最简单的窍门就是"模仿秀",即跟着主人学,他怎么做,你就怎么做。

1.预约。档次越高的西餐厅越需要预约。预约内容包括出席人数和到达时间,以及其他附加要求,比如是否选择吸烟区或靠窗座位,主宾中是否有恰逢生日或其他纪念日者,甚至还可预告宴会目的和预算。

2.着装。从一定意义上说,西餐是一种仪式,所以,出席正规的西餐宴会,男士应穿整洁的上衣和皮鞋,女士应穿套装和带跟的鞋。如果请帖中标明着正式服装,男士还要扎上领带。

3.姿态。西餐的优雅是全方位的优雅,贯穿于每一个环节,姿态是其中的重要一点。用餐时,上臂和背部要靠到椅背,腹部和餐桌约留一拳距离,两脚交叉是不够礼貌的。

4.点菜。西餐菜品多样,一般分为前菜、主菜和甜点,加之餐前酒和餐酒,总有一款适合你,但点菜大无必要面面俱到,剩下太多反而失礼。最恰当的组合是前菜、主菜(鱼或肉择一)加甜点。点菜时无须按此顺序,尽可先选一种最心仪的主菜,然后配上一款适合的汤,再进行其他搭配。

5.点酒。洋酒门道众多,口味迥异,不妨将此重任交与餐厅的资深调酒师,告其已选菜品、预算以及平素偏重的口味,请调酒师统筹安排。常规的搭配是肉类主菜配红葡萄酒,鱼类主菜配白葡萄酒。上菜前,可先微啜香槟等淡酒开胃佐餐。

6.餐巾。在西餐宴会上,说餐巾是服装的延伸毫不为过。正确的用法是在前菜送来前打开餐巾,向内摺进三分之一,余下三分之二平铺腿上,遮住双腿膝盖以上部分。有人担心菜汤淋脏上衣,习惯将餐巾塞入领口,这是错误之举,既不礼貌,也不雅观。

7.喝酒。正确的端杯方法是以大拇指、中指和食指轻握杯脚,小指抵住杯子底台。服务员首先会倒入仅能盖住杯底的少量酒,意为请客人鉴别酒质,你可沾唇后表示认可,也可直接示意服务员很好。接下来,服务员将正式倒酒,此刻,应把酒杯放在桌上。喝酒时,绝对不能吸着喝,而是倾斜酒杯,将酒润于舌上;可以轻摇酒杯使酒与空气充分接触以尽散醇香。特别需要注意的是,像白酒一样一饮而尽或者透过酒杯直视对方都是失礼行为。盛装女士不能用手指擦拭杯沿之上的口红印迹,而是要用面巾纸轻轻擦掉。

8.喝汤。汤是西餐的必备环节,不能吸着喝,可以先用汤匙由后向前将汤舀起,汤匙底部置于下唇位置将汤送入口中。喝汤时，上半身略微前倾，当碗中之汤所剩不多时，可用手指将碗略微抬高，如盛汤器皿带有握环，可直接拿住握环端起喝下。

9.吃鱼。鱼肉鲜嫩，一般情况下，餐厅不备餐刀只备专用汤匙。此匙较汤匙大，既可切分菜肴，也能将调味汁舀起佐餐。吃鱼时首先在鱼鳃附近刺一条直线，刀尖刺入一半即可，恰好可将鱼的上半身挑开，然后从头开始，将刀叉在鱼骨下方，向鱼尾方向划开，接着剔掉鱼骨挪至盘的一角，最后切掉鱼尾，按自左至右顺序，边切边吃。

10.刀叉。基本原则是右手持刀，左手持叉。如有多把刀叉，应由外依次向内取用。刀叉拿法为轻握尾端，食指按在柄上。汤匙则采用握笔方式。如果感觉别扭，也可将叉子换至右手，但切记不要频繁换手。吃大体积蔬菜时，刀叉可帮助折叠、分切。如果用餐中途略作间歇，应该将刀叉以八字形状摆在盘子中央，尖部不能突到盘外，更不能一边交谈一边挥舞刀叉。

18. 筷子之间藏着什么秘密

相比于西餐餐桌上叮叮当当的杯盘刀叉,中餐的餐具显得清静了许多,一碟、一碗、一匙、一筷,便可将天下珍馐尽收口中。但是,一双细长的筷子不仅体现了中国人的灵巧,也在千百年的食仪演化中,像各国、各族的民风、民俗一样,留下了许多传说般的约定俗成的"规矩",正所谓"一双小筷子,存有大文化",而其中的"用筷十忌"更是不可不知。

1. 三长两短

宴会开始前,筷子的正确摆法是两端对齐置于吃碟右侧,如果将筷子长短不齐地放在桌上,会被认为极不吉利,俗称"三长两短",一下子和"死亡"发生了关联。旧时,中国人逝后实行土葬,未盖棺盖的棺材由两块短木板和三块长木板组成,民间常说的"谁谁要是有个三长两短……"就是取自此意。

2. 仙人指路

这是一种另类的持筷方法,用大拇指和中指、无名指、小指捏住筷子,却单独伸出食指。这种手势在北京民俗里与骂人无异,因为食指伸出时,会随着夹菜的动作不停地指向他人,相当于一次次地指责对方,其效果与用筷子指人是一样的。

3.品箸留声

即将筷子一端含在嘴里,像婴儿般来回去嘬,并且不时发出"咂咂"的声响。婴儿如此天真烂漫,成人如此非常无礼,再配上"音响效果",更令旁人忍无可忍,大倒胃口。

4.击盏敲盅

旧时乞丐沿街乞讨时,标志性做法是用筷子击打饭盆,同时编几句诉说苦难身世的煽情词句,以引起行人注意和同情。所以,在餐桌上用筷子敲击盘碗既是对自己的不尊,也是对客人的不敬。

5.执箸巡城

聚会成席时,你吃或者不吃,都"不是一个人在战斗",一定要顾及别人的感受。如果兀自举着筷子,旁若无人,比划着来回在菜盘里寻找,会被看做缺乏教养,从而扫了一桌人的兴。

6.泪箸遗珠

这是一种形象的比喻,指的是用筷子向自己盘里夹菜时,动作不够麻利,将菜汤流到其他菜里或桌上,犹如落泪滴下一般,是严重失礼之举。

7. 定海神针

指的是用一根筷子去插盘中菜品,这一举动的含义与西方人当众对人竖起中指一样,是极恶毒的表示,更是对同桌客人的集体羞辱,无论何人都是无法接受的。

8. 当众上香

餐桌上总有热心人为表周到、热情,为旁人夹菜,帮别人盛饭,有时候为图省事随手将筷子插在饭中递给对方。此乃大不敬之举,因为很多地区的风俗都是只有为逝者上香时才会这样做,试想,有此寓意的一碗饭谁敢去接?

9. 交叉十字

这是经常被人忽视的一个细节,就是吃饭间歇时,不是将筷子平行而是随意交叉放在桌上。道理其实很简单,学生写错了作业,会被老师在本上打一个叉。而你的筷子摆成个十叉,是对同桌人的全部否定,而且,此举对自己也有不尊,旧时吃官司画供时才会被打十叉,难道你愿意自己遇上那样的麻烦?

10. 落地惊神

意指吃饭时失手将筷子掉在地上,是严重失礼的表现。很多地区的风俗都这样认为,祖先长眠地下,入土为安,不应被扰。筷子落地无异于惊动祖先,属于大不孝。但失手落筷在所难免,于是民俗中又附有"破解之法",即一旦筷子落地,马上用落地之筷在地上先东西后南北画个十字,意为不该惊动祖先,然后赶紧表白"对不住"。

19. 如何分配一条鱼

鱼在宴席中的分量是任何一道菜肴都不可比拟的。"年年有余"的美好寓意是大江南北的通用祝福,所以,鱼作为主菜的地位从未动摇过。即便有服务员帮助剔骨,但如何分好一条鱼仍然是考量主人智慧的一道题,那么怎么做才是最恰当的呢?

鱼的部位不同,肉的厚度也各不相同。一般情况下,鱼头部分最为尊贵,鱼身部分最为肥厚,但聪明的人们为了不厚此薄彼,给鱼的全身都赋予了各自的意义,无论吃到哪一段都有着吉祥的说辞,比如鱼眼是最尊贵的部位,要呈送主客,名为"高看一眼",分到鱼嘴者名为"唇齿相依",分到鱼尾者名为"委以重任",分到鱼翅者名为"展翅高飞",分到鱼腹者名为"推心置腹"。

这里需要特别提醒的是,一条鱼的吃法,东西方迥然不同。一位留德学生的自述生动地印证了这一点——

一次,他参加一个宴会,自助餐台上摆有鱼块,他取了几块美美享用。但才吃了一半,旁人全部端起盘子走开,同时以异样的目光注视着他。他莫名其妙,仔细嗅了一下自己的衣物,没有发现任何异味,再看着装,也没有什么不妥,他的确不知问题出在何处,径自将鱼块一一吃完,桌上留下了他的"作品"——一小堆鱼骨、鱼刺。没想到此次宴会的后遗症随即显现,原来与他有说有笑的德国朋友开始冷淡他,但他仍然不知就里,直到期末时这个谜底才被揭开。考试结束后,他去拜访教授,教授留他用餐,也上了一条鱼,他和教授一家喝着红酒吃着鱼,相谈甚欢。但才吃到一半,教授一家一齐不快地望着他,表情惊讶,教授夫人更是起身离开。他再次迷惑,不知哪句话说得不够妥当。等用餐完毕,教授才用克制的口吻对他说:"你怎么能在餐桌上如此不雅地进餐,希望你在德国多学一点起码的礼仪。"他急忙求教自己错在哪里,教授说,你吃鱼时边吃边吐鱼骨,这是极其失礼的行为。他不解,辩解说原来在中国的时候大家都是这样吃鱼的啊,难道还能将鱼骨和鱼刺一起咽下? 教授大声说,这是在德国,用餐时你把吃进嘴里的东西再吐出来,是非常不洁之举,是缺乏最基本礼仪的表现。教授进一步为他解释,德国人进餐时,即便是肉食和鱼,也极少吐骨头和鱼刺。因为烹饪时已将骨头和鱼刺先行剔除。如果用餐时恰巧吃到骨头和刺,也不能吐出来,而是嚼碎咽下。

吃鱼的规矩还有一条,就是在很多国家(地区)的餐饮礼仪中,吃鱼时都不能给鱼翻身,必须是吃完一面后,将鱼骨取走,再继续吃下一面。这种风俗的起源已无法细究,有一种观点认为是始于渔家对于"翻"意的忌讳,因为翻船是渔家的灭顶之灾,所以,在临海、临河之地,吃鱼时不仅忌讳"翻鱼"动作,甚至连"翻"字也不能说,一般会用"顺鱼"(把鱼顺过来)、"掉头"(把鱼从头开始倒转一面)、"划过来"(翻转鱼身)或者"正鱼"替代。

20. 水果盘里有什么讲究

在正式宴会上,水果有时被当做甜点,但大多数时候是正餐之后的清口"菜",也就是说,到了水果环节,意味着宴请接近尾声,但"行百里者半于九十",如果忽略了基本的水果礼仪,之前的付出很可能前功尽弃。

请客人吃水果,通常要准

备几种以便有所选择。水果应洗净后装入果盘再端至桌上。在正式场合,请勿帮助客人削、剥果皮,这样做并不卫生,而是要提前备好水果刀或水果餐具,并且确保件件清洁,不锈不粘。

在宴会上吃水果,不同于家里尽可随心所欲,而是"一果有一法",如果吃错,会给人留下不良印象。

梨和苹果:应先切成四或八瓣,再用刀去皮和核,之后可以拿着吃或用叉子、牙签插着吃;

香蕉:可先用手剥皮,再用刀切成小块吃,整根举着吃是不雅之举;

橘子:可用手剥皮后一瓣一瓣掰着吃,但橙子需用刀切成四或八瓣;

葡萄:不能整串吃,而要用手一个一个揪下来吃。吃到果核时,要用手掌托在嘴边,轻轻将果核吐于掌中,做握拳状弃于盘沿,直接吐在桌上极其不雅;

无花果:作为开胃品与五香火腿一起吃时,要用刀叉连皮吃下,但作为饭后甜食时,要先切成四瓣,在橘汁或奶油中浸泡后,用刀叉食用;

芒果:先用水果刀纵向切成两半,然后再切成四分之一。用叉子将每一块放入盘中,皮面朝上,再剥掉芒果皮;

草莓：可用手捏住柄部整个吃下，然后将草莓柄放入盘中。如果草莓拌有奶油，只能用勺吃；

木瓜：上桌前籽已除去，用汤匙将果肉挖出即可。

凤梨：用刀切去头尾两端及带刺外皮，将剩下的果肉切成圆形薄片，然后装在盘中，可用吃甜点的叉子或汤匙来吃。

21. 结账时核对账单算不算失礼

在衣食无忧的幸福时代，吃饭的目的早已不局限于果腹，而是社交、谈判、通联的载体。餐饮礼仪的最后一个句号就是——结账，如果处理欠妥，必然会带来虎头蛇尾的后果。

结账礼仪主要包括以下几项：

1.男士结账。即使女士请客，或AA制消费，也应将餐费交与男士，由男士召唤服务员结账。如果东道主由多人构成，一般由下属负责结账手续。

2.悄声结账。准备结账时，要趁服务员经过身边时轻声唤住："请帮我们结账。"或者用手势暗示服务员来结账。不能大声招呼服务员买单，更不能手握钞票挥来挥去。结账时以不引起他人注意为好。结账时，在自己座位上将餐费交给服务员即可,也可跟随服务员去收银台付款。如果就餐处无法刷卡而又未带足现金,可先将客人送走,不要让客人觉察到你结账困难,以免误会你缺乏诚意。

3.核单结账。中国人结账时习惯照单付款,很少审核账单,认为容易给人留下斤斤计较的"小气"印象。其实大可不必,查看账单的目的,主要是检查所点菜品是否全部上齐,菜品单价和菜单所标是否相符以及总金额是否有误。这是尊重客人、重视权益的表现,与慷慨与否无关,也绝非失礼之举。一旦发现计算有误,可招呼服务员前来,轻声告诉他哪些地方存在误差,请他帮忙查核。待疑问解决后,再如数付账。

22. 商务宴请有什么规矩

当今社会,相当比例的饭局为商务洽谈而设。这样的宴请并不轻松,带有很强的目的性。也许杯觥交错间,一单生意大功告成,所以,这一"餐"吃得如何至关重要,特别是宴请方,如果不将宴请规矩烂熟于心,很容易事倍功半,遗憾而归。

商务宴请中餐的上菜顺序一般是先凉后热,先炒后烧,先咸后甜,先淡后浓,具体说来是清口茶水——凉菜:冷拼、花拼——热炒:视规模选用滑炒、软炒、干炸、爆、烩、烧、蒸、浇、扒等组合——甜菜:包括甜汤等——点心:一般大宴不设主食,以糕、饼及各种汤面、包子、饺子代替——水果。高规格宴席中的主菜,如燕窝、海参、鱼翅等一般先上,以显客人尊贵。

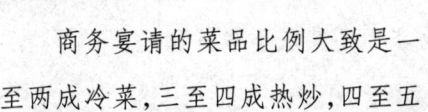

商务宴请的菜品比例大致是一至两成冷菜,三至四成热炒,四至五成大菜。菜品器皿也不可马虎,所谓"美食不如美器",对于重要宴请,器皿搭配如何,应作为是否选在此处的重要参照物。一般要备大、中、小平盘(碟),同时根据对应菜肴的颜色、材质等配以合适形状和花纹的容器,切忌中西混搭,不伦不类。

比如红烧狮子头,宜用黄底细纹福盘,清蒸鱼宜用白瓷或青瓷鱼盘,红烧、干烧鱼则用色彩浓烈鱼盘。

23. 婚礼请柬如何写

婚礼时间确定后，第一项任务就是向亲朋好友发送请帖。除个性化设计外，常见请帖分为双柬帖和单柬帖两种：双柬即双帖，将一张纸折成两等分，对折后成长方形；单柬帖即单帖，为单张长方形纸。

请帖面积有限，书写时应针对不同对象分别措词，确保准确、浅显而温馨，切勿华而不实或不知所云。

结婚请柬格式、请帖范例：

被邀请者称呼 送呈/台启

谨定于XXXX年XX月XX日（星期X）为 （一对新人姓名）
举办婚典喜筵（新人姓名通常为男方居前或左，女居右或下）。
敬请（被邀请者）光临。

　　　　　　　　　　　　　　　　XXX、XXX 敬邀

喜筵时间：XX时XX分
席设：喜筵地点（XXX酒店XXX厅）

此处应该特别注意的是：被邀请者的姓名要写完整，不能以绰号或别名代替；被邀请人如是一人以上，姓名之间要使用"暨"或"和"，不要用顿号或逗号。

24. 穿上婚纱怎么走路

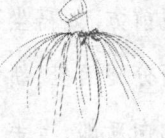

身披婚纱的女人是一生中最美丽的时刻,但许多新娘不清楚,穿上婚纱后究竟怎么走路才能既有韵味又信步自如。

婚纱分为有衬裙和无衬裙两种,不同穿法不同走法,但同样需要新郎的配合。

1. 无衬裙婚纱走法

落地之脚先以脚尖着地,仿佛在此直线上轻轻滑动一般。

2. 有衬裙婚纱走法

走路时,两脚分开约两拳距离,脚尖轻轻上踢,以将裙摆轻轻踢起为宜。

3. 新娘捧花姿势

新娘走路时,捧花应放在肚脐位置。

4. 新郎新娘步伐配合

新郎、新娘挽手步入典礼现场时,出脚顺序和节奏务求保持一致。新郎身位要比新娘前半步(约15cm),这样走起来既优雅又不至于被婚纱绊住双脚。当新人需要挽手站正时,应对成八字形并向内靠拢,脚步为丁字步,挺胸压肩,目视前方。如需坐下,一定注意挺胸收腹,半坐在椅上。新郎正面分腿而坐,新娘保持站立时的丁字步坐下,双膝并拢微微侧向新郎,上半身正面朝前。

25.婚礼胸花你会戴吗?

婚礼上佩戴胸花的一般是司仪、特别嘉宾、一对新人、伴郎伴娘、主婚人和证婚人。新郎的胸花通常是新娘捧花中的主花,其程序是新郎将捧花送给新娘,新娘随后从捧花中摘出一朵别在新郎胸前。

其他来宾的胸花,以简单、小巧为原则,它和袋巾一样仅起点缀作用,不能喧宾夺主成为视觉中心。一般别上一朵花再配些满天星类小花足矣,切忌一大束花别于胸前,同时胸花花梗不宜太长。胸花一般别在西装外套左领,有些西装在此位置留有扣眼,就是专为别放胸花而设计。如果没有现成扣眼,胸花也可置于西装领上,花梗垂直向下别好即可。

26. 教你给来宾排座位

对于新人来说,给来宾排座次是件很头疼的事情,生怕顾此失彼,婆家人、娘家人、亲戚、朋友、同事,手心手背一样热,可主桌就那么几桌,众口难调,大喜的日子里,倘若闹出点不开心,岂不是一生的遗憾?

安排婚宴来宾座次,除去与新人的亲疏关系外,还要考虑到宾客身份及其相互关系等因素。如果长辈或上司人数较多,而靠近主宾席位又很紧张,实在安排不开时,可找温度适宜、视野良好的桌位替代,并诚恳说明条件有限,这是接近主桌的最好位置,以使宾客充分感受到礼遇。

如果重要来宾太多,不妨与婚宴酒店协商,将小舞台设于大厅中央,客席环绕主宾席分列,使临近主桌座位大幅增加,且无明显主次之分,不失为一个良策。

对于同龄朋友,虽然无需辈分上的顾忌,但也要考虑性格等因素。无闹不成席,以喜庆为主调的婚姻,当然越热闹越有味道,那么,性格外向、多才多艺的朋友是婚礼上的"开心果"和"调味剂",应该把他们安排在乐队或表演区域附近,使其最大限度地暖场助兴,活跃气氛。

还有一个需要注意的问题,便是小孩的座位安排。尽量将带小孩的来宾集中在一个分区,既方便孩子在一起玩耍,不致打扰其他宾客,也可以专门为他们配送适合孩子的特色菜品和饮料。加上典礼的婚宴至少在两个小时左右,好动的孩子很难一直稳坐席上,所以,他们的席位尽量靠近出口或摆放玩具的区域。

如果是别出心裁的室外婚礼,安排座位时要安排年长或身体欠佳宾客在有遮挡的凉亭、纱帐、花棚内就座,儿童坐席必须远离水池、洼地、公路、斜坡等地,还要预先询问来宾是否对花粉过敏,以便将其座位安排在花圃远端。

27. 婚礼当天流程表

筹备婚礼是一项耗时耗力的系统工程,礼仪无处不在,当万事具备只待吉时那一刻到来时,所有的重心都将转移到婚礼当天的安排上。

如果以小时为单位,一张完整的婚礼流程表应该是这样的——

6:00,新郎起床并整理新房。

7:00,婚礼指挥带领主婚车赴花

店扎花,并带回手捧花、胸花、别针等,安排专人负责婚车喜字摆放及司机喜糖、喜烟发放以及车辆停放。

8:00,新郎做好迎娶新娘准备。

8:15,车队和相关人员全部到位,准备发车。燃放鞭炮、烟火、礼宾花。同时,新郎、伴郎坐上主婚车,随同摄像车前往新娘家。

8:30,相关人员整理房间,准备甜汤、桂圆、花生、红枣等。

9:10,主婚车行至新娘家,随车人员引领新郎来到新娘家门口(发红包、喜烟、喜糖等),开门后,新郎向新娘求婚,并献上手捧花、戴上胸花,亲吻新娘额头,然后拜见岳父、岳母并敬茶表态:今后一定善待新娘、孝敬父母、努力工作。

9:30,一对新人携同伴郎、伴娘入座主婚车。

10:10,新郎家中服务人员做好迎亲工作(燃放鞭炮、礼宾花等),新人进门后,新郎介绍新娘拜见公婆并改口、敬茶,公婆向儿媳递上红包,新郎带领新娘参观新房,一对新人同吃甜汤(桂圆、红枣等)。

11:00,出席婚礼来宾到达婚宴举办酒店,主家代表与司仪就婚礼议程交换意见。

11:18,典礼开始。

12:00,典礼结束,喜宴开始。

13:30,喜宴结束,送走来宾。部分至爱亲朋会随新人一起回家,聊天、娱乐,以等待晚上闹洞房;或者先各自离开,待晚上重新在新房集结闹洞房。

需要说明的是,这个流程表中的时间只是模拟时间,每对新人由于两家距离不一,必须充分考虑堵车等因素,科学计算出发、返回时间,同时,有些地方的风俗是下午举行婚礼,那么只须将以上时间顺延即可。

除此之外,还有几个注意事项,一是采买喜烟、喜糖时要将无法出席婚礼的亲友考虑进去;二是备足留言本、相机记忆卡、闪光灯电池、喜糖包装袋、戴胸花的别针、双面胶等辅料;四是给帮忙朋友合理分工:伴娘要为新娘带好简单的化妆品和私用品,并随身携带手包为新人收存贺礼,伴郎应西装革履,陪同新人给来宾敬酒,伴郎、伴娘要时刻注意与新人形影不离;车队总管要帮助新人拟定行车路线,为双方迎送人数安排足够车辆,安排车队次序;礼炮手要观察风向,按总指挥要求的时间、方位顶风燃放;摄影、摄像师不但要全景记录婚礼场面,还要随时抓拍甜蜜瞬间;花童为男女孩人数各半,年龄在6—12岁之间。

28. 婚礼红包如何掏

参加婚礼,送上一个表达祝福的红包是最基本的礼仪。为突出婚礼特点,最好选择印有"新婚志喜"字样或含义的红包。婚礼红包多为长方形,可不用折叠直接放入百元钞票。

婚礼红包的固定格式是封面上写"祝×××和×××永结同心相亲相爱"等,落款务必署上自己名字。

至于红包究竟该"包"多少,完全因人而异,视与新人关系远近而定,一般选择双数,在200—800元之间,尽量不要送300、400、700元之类的金额。

29. 怎样应对闹洞房

闹洞房是婚礼的压轴大戏,古已有之,最早可追溯至西汉时期,亲朋好友的祝福在这一环节将掀起高潮,由于民间素有"越闹越热闹"和"三日无大小"的风俗,以致有些新人视闹洞房为畏途,其实大可不必,只要应对得体,毕竟这是一个收获祝福的时刻,何乐而不为呢?

"闹洞房"习俗有着很深的文化内涵,主要用意是驱除冷清之感,增强喜庆气氛。因为旧时婚姻,大多属于父母之命、媒妁之言,一对新人入洞房前没有更多接触甚至从未谋面,突然生活在一个屋檐下,难免拘谨,闹洞房的目的之一就是通过众人助威和当众游戏捅破这层羞怯纸。当下的婚姻关系早已今非昔比,闹洞房主要是至爱亲朋向新人表示祝福,所以,务必大方应对,以免来宾扫兴,留下遗憾。

闹洞房时,尽可丢掉心理压力,来宾提议新人表演节目,绝非为了欣赏而是为了助兴,无非是将笑和快乐尽可能地延伸下去而已,所以新郎、新娘可以预先准备几个节目,如果实在不擅表演,至少可以给来宾讲讲罗曼史,新郎要时刻注意为新娘补台、解围,如果遇到来宾提出过分要求,新人务必克制,可以搬来长辈或上司等援兵,绝不能与来宾产生不愉快。闹过洞房后,新人虽然身心疲惫,仍要热情送客,表达谢意。

30. "回门"小窍门

中国婚俗之一便是"回门",就是新婚三天后,新娘要偕同新郎一起回娘家。由于刚刚嫁出一同生活了二十来年的女儿,新娘的父母感情十分复杂,既欣慰又牵挂,因此新郎的表现至关重要,一定给岳父母留下开心、放心的印象。

"回门"礼品一定要考虑老人的喜好,一般以四件为宜。回门日选择上午九十点钟动身。一对新人要像婚礼当天一样重视仪表。回到娘家后,新郎新娘首先一同问候老人。新郎必须自然、亲切地称岳父母为爸、妈,对待其他亲友和邻居也要彬彬有礼。

就餐时,新娘要陪伴新郎依次向父母、亲友和邻里敬酒。饭后不要急于告辞,而是像未出嫁时那样陪父母拉拉家常,然后主动邀请老人和兄弟姐妹到自家做客。

31. 你知道这些结婚纪念日吗

人生四喜,洞房花烛是其中之一。"百年修得同船渡,千年修得共枕眠",这是中国人对于缘定今生的巧妙解释,其实,没有哪个民族不重视婚姻,为了不让激情消减,为了不让爱情褪色,各民族都以各种形式庆祝结婚纪念日,并为每一时段的结婚纪念日找到了对应的物品,以求睹物思情、以物传情。

美国人非常重视结婚纪念日。每逢重要结婚纪念日都要举行结婚周年纪念会,并逐渐形成赠送结婚对应年份规定礼物的习俗,进而用这些礼物为每种婚龄命名:1年—纸婚;2年—布婚;3年—皮婚;4年—丝婚;5年—木婚;6年—铁婚;7年—铜婚;8年—电(器)婚;9年—陶(器)婚;10年—锡婚;11年—钢婚;12年—亚麻婚;13年—花边婚;14年—象牙婚;15年—水晶婚;20年—瓷婚;25年—银婚;30年—珍珠婚;35年—玉婚;40年—红宝石婚;45年—蓝宝石婚;50年—金婚;60年—钻石婚。

法国是一个浪漫的国度,也有用物品命名婚龄的习俗,但与美国人的叫法有所不同:1年—棉婚;2年—皮婚;3年—麦婚;4年—蜡婚;5年—木婚;6年—铜婚;7年—羊毛婚;8年—虞美人婚;9年—陶婚;10年—锡婚;11年—珊瑚婚;12年—丝婚;13年—铃兰婚;14年—铅婚;15年—水晶婚;16年—蓝宝石婚;17年—玫瑰婚;18年—绿松石婚;19年—印花婚;20年—瓷婚;21年—乳白石婚;22年—青铜婚;23年—绿玉婚;24年—萨丁婚;25年—银婚;26年—玉婚;27年—桃花心木婚;28年—镍婚;29年—绒婚;30年—珍珠婚;31年—羊皮婚;32年—紫铜婚;33年—斑岩婚;34年—琥珀婚;36年—梅斯林婚;37年—纸婚；38年—水银婚；39年—绉纱婚；40年—祖母绿婚；41年—铁婚；42年—珠质婚；43年—法兰绒婚；44年—黄玉婚；45年—朱红婚；46年—薰衣草婚；47年—开斯米婚；48年—紫晶婚；49年—雪松婚；50年—金婚；60年—钻石婚；70年—白金婚；75年—白石婚；80年—橡树婚。

虽然说法不一，但是各民族对于美满婚姻的向往是一样的，其中绝大多数国家公认的最重要结婚纪念日是"银婚"(25年)和"金婚"(50年)。

32. 你知道多少送花常识

花朵是大自然的杰作，也是人类心情的表情。在当今的人际交往中，鲜花早已超出了它们的植物意义，而是有着强烈的情感指向，成为人们表达喜怒哀乐的最佳道具。

送花有情调，但送花更是艺术，花言花语，对应的是丰富的深意。所以，如果不了解各种常见花束的寓意，就会在鲜花礼仪上大大失分，甚至带来无法挽回的副作用。

人际交往中以花表意，主

要集中在传统节日和人生重大事件上。传统节日对应的花束在另节介绍,本节涉及的是人生重大事件中的送花礼仪。

1. 生日祝寿

给年轻人庆生,赠花以祝福寿星健康、快乐为主题。给长者祝寿则以象征长寿、幸福、财富的盆栽植物为佳。

2. 结婚送花

结婚是人生重大节点,婚礼花束较之其他事件更加精致和温馨,而且要考虑新娘年龄、个性、肤色、婚纱款式等元素。

3. 宝宝出生

孩子降生是人生一喜,亲朋祝贺,赠花必不可少,花束种类除对应花语含义外,还可按照生日花、十二星座、十二生肖幸运花等寓意相赠。

4. 探视病人

到医院探望别人时带上一束鲜花,蕴含关怀、慰问和祝愿之意。所选花束应以色雅、味淡为主,且花粉不宜过多。

5. 乔迁之喜

为亲朋稳居所送花类应以盆栽植物为首选,寓意幸福和美、金玉满堂。中国人向以红色代表喜庆,所以花材颜色应以红色为主色,绝对忌讳纯白色花朵。

6.各种集会

诸如演讲、演唱、舞会、宴会等集会,宜选用花篮、盆花布置会场,既美化场地,也预祝活动圆满成功。而花环、花束则用于献给主持人或表演者,以对其成就和付出予以最大认可。

7.迎接贵宾

贵宾到访或亲友归来,在机场或车站献上花环、饰花或花束,会令现场气氛热烈感人。此类场合的鲜花以红花或紫花色系为首选,并以象征友谊、欢迎的花材为主。

33. 这些花束都有什么寓意

花有灵性,也有"语言"。这种语言不仅仅是被人赋予的含义,其实也契合着花材本身的特点。生活中比较常见的花材含义有——

红玫瑰象征"爱情",花语为"我爱你";百合花象征"高洁",花语为"百年好合";康乃馨象征"母爱",花语为"健康长寿";牡丹花为百花之王,花语为"花开富贵";桃花象征"腾达",花语为"宏图大展";太阳花象征"光明",花语为"欣欣向荣";萱草象征"忘忧",花语为"勿忘我"。

除去单品之花以及混搭花束，中国人心目中的花束还有着不少约定俗成的组合规范，比如盆景必须符合四个条件，即叶细、枝密、干粗、根露；花中四君子为梅、兰、竹、菊；园林三宝是树中银杏、花中牡丹、草中兰；花草四雅为兰、菊、水仙、菖蒲；盆树四大家乃黄杨、金雀、迎春、绒针松；花间四友是蝶、莺、燕、蜂；花中两绝是牡丹、芍药；岁寒三友为松、竹、梅。

人有人品，花有花品。常规的看法是：梅为仙品，桃为华品，杏为贵品，梨为素品，莲为静品，兰为高品，菊为逸品，桂为灵品，水仙为名品，茉莉为妙品，牡丹为荣品，山茶为寒品，合欢为异品，木棉为奇品，芙蓉为尤品，海棠为佳品，凤仙为新品。

34. 不同地点摆不同的花

到什么山上唱什么歌，在什么地方摆什么花。鲜花之中，除去礼仪问题，还有健康问题。与社交活动中赠送鲜花不同的是，居家摆花，其花材将与主人更长时间地共处一室，一旦选花有误，将对健康产生巨大威胁。

卧室里以下几种花束不宜摆放——丁香、兰花、百合花、夜来香，因其香气浓郁，容易使人神经中枢兴奋，闻之过久有可能引起头晕，导致失眠，特别是对高血压和心脏病患者尤其不利；郁金香的花朵含有毒碱，与其接触过久，常会导致毛发脱落；夹竹桃散发的气味使人昏昏欲睡，其分泌的乳液容易使人中毒；月季花的香气令人不爽，会带来胸闷之感，甚至造成呼吸困难。

相比之下，卧室里适合摆放的花束包括——兰科、昙花，它们能在夜间释放氧气；仙人掌、仙人球，晚间呼出氧气，并能湿润空气。书房和客厅适合摆放的花束包括——吊兰，特别是放在家电旁边时，可以有效吸附周围产生的有害物质；发财树、金钱树，因其体积较大、四季常青，视觉效果上佳且能通过光合作用吸收有毒气体并释放氧气。

而诸如含羞草、丁香、紫罗兰等花束，因其花香会使喉头充血，严重时还会导致嗓音沙哑，所以，家庭内不摆为妙。

35. 你知道什么节送什么花吗

各种节日是表达心情的集中时段,在各国文化相互交融的今天,"土节""洋节"交相辉映已成一道独特的风景。中国节日厚重优雅,外国节日趣味横生,这些节日给我们的生活带来了无穷乐趣,其中的花事更是沁人心脾,留有余香。

元旦是新年第一天(1月1日),所送花束自然要带有喜庆色彩,像兰花、仙客来、水仙、金橘、鹤望兰等,都是表达对新年祝福的最佳代言。

春节(农历正月初一),是团圆之日,所选花束与元旦近似,但可以更加热烈和喜庆,红掌、牡丹、状元红、吉祥果以及寓意庆吉祥、添富贵的盆栽植物等都是不错的选择。

情人节(2月14日),玫瑰花自然是情人节的当家花旦,是恋人最心仪、最期待的花朵。此外,还有许多鲜花象征爱情,比如郁金香、洋桔梗、满天星、茉莉花、勿忘我等,也都是传情达意的称职信使。

护士节(5月12日),护士是健

康守护神,更是洁白的天使,很多病友希望在这一天表达对其辛勤劳动的敬意,如果给护士送花,应以插花或花束为宜。

母亲节(5月的第二个星期日),母亲节最常用花是康乃馨,因为它象征着慈祥的母爱,有母亲之花、神圣之花之称。其中,红色或桃红色康乃馨代表对母亲的祝福和热爱,而白色康乃馨则是追悼已故母亲,绝对不能混淆。还有一种萱草(金针花),花语是忘忧和疗愁,也适合献给母亲。

父亲节(6月的第三个星期日),送给父亲的花通常以黄色玫瑰和百合为主,石斛兰由于具有刚毅之美,也可作为父亲之花。

教师节(9月10日),老师常被喻为母亲,所以,送给老师的花可以是各色康乃馨。

中秋节(农历八月十五),中秋节是中国三大传统节日之一,送花多以兰花为主,各种观叶植物为次,兰花花期长,态高雅,寓意深。

圣诞节(12月25日),通常送一品红、圣诞树、黄色百合或红花绿叶组成的花环。

36. 鲜花朵朵表何意

鲜花已成当今社交的主力礼物,出现在庆典、仪式、人际交往等各种场合,尤其是情侣之间,鲜花独特的花语具有一朵胜千言的奇效,不仅风雅,而且传情。俗话说数大为美,但未必每次都是一大捧花才能表达心中情意,聪明的爱花人给每一种组合的花束都赋予了动人的寓意。

1朵　你是我的唯一

2朵　你浓我浓

3朵　我爱你

4朵　誓言;承诺

5朵　无悔

6朵　顺利

7朵　喜相逢

8朵　弥补

9朵　坚定的爱

10朵　完美;十全十美

11朵　一心一意

12朵　心心相印

13朵　暗恋

17朵　好聚好散

20朵　此情不渝

21朵　最爱

22朵　双双对对

24朵　思念

33朵　我爱你;三生三世

36朵　我心属于你

44朵　至死不渝

50朵　无怨无悔

56朵　吾爱

57朵　吾爱吾妻

66朵　真爱不变

77朵　喜相逢

88朵　用心弥补

99朵　长相厮守、坚定

100朵　白头偕老、百年好合

101朵　唯一的爱

108朵　求婚

111朵　无尽的爱

144朵 爱你生生世世

365朵 天天想你

999朵 天长地久

1001朵 直到永远

37. 你的星座和花语是什么

星座之说虽属舶来品,但因其趣味与神秘,引得不少年轻人趋之若鹜,将其作为生活的一味作料,点缀心灵,祈福未来。星座与花语的对应,可以看做天人合一的杰作,看一看,哪一束是你的幸运花朵?

白羊座(03/21—04/20) 热情、开朗的人 木槿

金牛座(04/21—05/21) 奔放的人 矮牵牛

双子座(05/22—06/21) 善变的人 玫瑰

巨蟹座(06/22—07/22) 恋家的人 洋桔梗

狮子座(07/23—08/22) 自信的人 向日葵

处女座(08/23—09/23) 要求完美的人 大理花

天秤座(09/24—10/23) 若即若离的人 波斯菊

天蝎座(10/24—11/22) 爱恨分明的人 秋海棠

射手座(11/23—12/21) 酷爱自由的人 蝴蝶兰

- 摩羯座(12/22—01/20)　工作狂的人　满天星
- 水瓶座(01/21—02/19)　柏拉图式的人　玛格丽特
- 双鱼座(02/20—03/20)　温柔浪漫的人　郁金香

38. 怎么注意个人形象

外事活动中,参与者的个人形象非同小可,小则代表公司气质,大则代表国家风度。因此,每一个环节都要高度重视,切不可等闲视之。

人配衣裳马配鞍,衣着是双方见面后的第一视觉落点。公务场合的穿着务求端庄大方、中规中矩,绝不能追赶时髦、过于随意,最佳选择是深色套装、套裙或制服,扣严衣扣,绝不允许绾起袖管或裤脚,衣袋或裤兜里也不能多装东西导致鼓鼓囊囊,衣装上的商标要提前揭除。男士西装的最佳搭配是内着白衬衣,穿深色袜子、黑色皮鞋,不穿或少穿羊毛衫,全身衣着颜色不宜超过三种。特别提醒的是,此种场合绝对不能穿夹克衫、牛仔装、运动装、旅游鞋等休闲类服装。而外事活动的社交场合,如宴会、舞会、晚会等活动,着装尽可突出个性,可穿时装、礼服或民族服装,反而不宜穿制服或便装。

在外事场合,化妆与个人爱好无关,体现的是对他人必要的尊重,既是仪表问题,也是原则问题。既然是原则问题,就一定要遵守以下原则——一是淡妆为主。注意,这种场合化的是工作妆而非舞台妆,主要特征是简约而清雅,给人以自然、得体之感。二是力避大量使用芳香型化妆品。通常的判断标准是如果在三米开外身上的香味仍被对方嗅到,即为不适用量。三是不许当众化妆或补妆。特别是不能在工作场合或普通关系异性面前有上述行为,否则会被认为有失庄重。

言谈举止是紧密相连、不可分割的两个环节,是一个人精神面貌和内在气质的真实写照。谈吐的精要之处在于语言文明、语调柔和、语速适中;称呼客人时使用尊称、敬称,不用昵称、别称;交谈内容要紧扣会谈主题,做到内容双方同有兴趣,气氛欢快轻松,绝对不能涉及对方隐私、敏感话题或无厘头的八卦消息。学会发问和倾听非常重要,既不抢话,也不冷场,更不能面带倦容、哈欠连天或者不时看看手表,男士不要加入女士范围谈话,如被女士特邀过来,也务必以倾听为主,不能口无遮拦,随意玩笑。

举止是形体语言,是一个人综合素质的直观反应,只有依靠日积月累的修养,才能滋润出优雅、大方的举止,临时模仿充其量落得一个东施效颦般的尴尬结果。在外事场合，接待人员要站如松，不能有探脖、塌腰、耸肩、弯腿、抖脚或双手插腰及放在裤袋里的多余动作；坐如钟，不能前倾后仰、歪扭身躯、跷起二郎腿；行如风，步态稳健、轻松敏捷，不能歪肩晃膀、扭腰摆臀。特别忌讳的是当众搔头皮、掏耳朵、抠鼻孔、剔牙、咬指甲、打哈欠、咳嗽、打喷嚏时务必以手掩面，绝不允许正面对人。

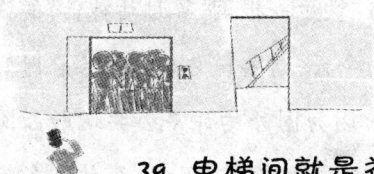

39. 电梯间就是礼仪课堂

对于在写字楼里供职的上班族来说，电脑、电话和电梯是每天必须接触的设备，而后者由于其无法独处的特殊性，电梯间内的礼仪更不应成为一个死角。

电梯间礼仪并不复杂，总的原则是先人后己、先出后进，具体说来就是如果陪同客人或长者乘用电梯，应该走在前面，按下电梯呼梯钮，待轿厢到达时，如果客人较多，可以先行进入电梯，一手按住"开门"按钮，另一手挡住电梯门，请客人或长者进入电梯。

电梯到达时，如遇熟人，不必过于客气，那样反而耽搁时间,但应留意是否有女士和老者,记住应该将他们先行让进电梯。进入电梯后,要立即转身面对电梯门,不能与他人面对而立。在电梯间里,不能高谈阔论,更不能吸烟。候梯时,要等下电梯者全部走出电梯后,方能进入电梯。

40. 烟民请注意,最好内外无别

中国人向来有"饭后一根烟,赛过活神仙"的说法,但在与国际日益接轨的今天,这些说法越来越不合时宜,并且显得落后与不文明,因为国外的许多公共场所如博物院、教堂、剧场、商店、会议厅、体育馆、医院、公共汽车等处,都不允许吸烟,所以,有一句十分形象的话叫做"在国外要看天吸烟",也就是说,凡是能够看见天花板的地方都是禁烟之地。火车等交通工具上均分设吸烟与不吸烟车厢与座位,瘾大的烟民务必选对位置。全世界的禁烟标志大同小异,一般是画着一支点燃香烟,上面打一个大红的X。

即便在国内与外宾共处,也最好参照国外惯例,注意以下几点:

1.在有空调房间、洗手间和未摆放烟灰缸的房间内不要吸烟;

2.不要一边走路一边吸烟;

3.在学术交流、商业洽谈等场合,即便所处会客室、会议室、办公室内备香烟和烟灰缸,但如果对方不吸烟,主宾最好也不吸烟;

4.欧美国家一般不主张敬烟,如果自己打算吸烟,可说"谢谢,我自己来";

5.在允许吸烟场所,如有女士在场,吸烟前务必征求对方意见:"对不起,我可以吸烟吗",对方首肯后方可吸烟;

6.还有一点也很重要,如果你不吸烟而又无法离开现场,那么当别人吸烟时,千万不要露出厌恶表情。

传统篇

传统篇——中国传统礼仪博大精深，虽然有些属于繁文缛节，已被快节奏的崭新时尚所扬弃，但其中仍有许多礼仪早已一代代渗透至我们的骨血中，影响着我们的日常生活。

41. 团团圆圆年夜饭

节日是礼仪的舞台,每一个中国节日都浓缩了千百年积淀下来的风俗、传说和规矩,是一枚中国人无论走到哪里都会随身携带的文化胎记。

一年之计在于春,中国节,最热闹、最盛大、最有味的,莫过于欢欢喜喜的春节,而春节之中的重头戏,无疑便是除夕夜的年夜饭(守岁宴)。

年夜饭的主题只有两个字——团圆。它就像牵拉风筝的细线,游子们不管走到天涯海角,在这一刻也会奔波回亲情旁边,共同感受守岁的温暖。

年夜饭是守岁的起点,一定要慢慢吃,华灯初上开席,可以一直吃到子夜,见证辞旧迎新的一刻,俗称"熬年"。这一风俗来自一个没有人能说清起源的传说:很久以前,有一种怪兽名字叫"年"。每到除夕之夜,年兽就会出来伤人毁田,给劳作一年的百姓带来灾难。为躲避年兽,大年三十晚上,家家户户不等天黑就早早关门,衣不解带坐盼天明,并且用喝酒打发时间和壮胆。待太阳重新升起,已是正月初一早晨,年兽不再出来,人们才敢出门,见面作揖道喜,庆幸没被年兽吃掉。又波澜不惊地过了许多年,人们对年兽疏忽了戒备,一年的腊月三十夜,年兽突然窜到一个村庄,将绝大多数村人吃掉,只有一对挂红帘、穿红衣的新婚夫妇幸免,还有几个孩童,正在院里玩耍,他们点燃一堆竹子,火苗上窜,竹节被烧得"啪啪"作响,年兽看见火光掉头便跑。人们这才明白,原来年兽也有软肋,怕红、怕光、怕响声,于是,每至年末岁首,千家万户都要贴红纸、穿红袍、挂红灯、敲锣打鼓放爆竹,拒年兽于千里之外。

从此,每到过年,在这"一夜连双岁,五更分二年"的除夕,全家人便围坐一起,茶点瓜果摆满一桌供奉神明。在这里边,苹果必不可少,寓意"平平安安";很多地方的人家还要供一盆年前烧好的"隔年饭",象征一年到头吃不完的意思,隔年饭大多选用大米、小米混合,为的是有黄有白,取

"有金有银,金银满盆"的含义。茶点瓜果也个个讨满口彩:枣(春来早),柿饼(事事如意),杏仁(幸福之人),年糕(一年更比一年高)。

　　一边敬奉神明,一边犒赏自己,是除夕夜的两大主题。而吃年夜饭,则是每一家最热闹的时候。一家老小,团聚桌旁,抚今追昔,共享天伦。年夜饭异常丰盛,有冷拼,有热炒,保留节目是一条鱼。因为"鱼"和"余"同音,代表"吉庆有余""年年有余"。而最后一道多为甜点,祝福来年甜甜蜜蜜。这一刻,最醉人,酒是必不可少的道具,其中流传最久的便是屠苏酒。屠苏乃草名,据传此酒为汉末名医华佗研制,由大黄、白术、桂枝、防风、花椒、乌头、附子等中药入酒浸制而成。后由唐代名医孙思邈流传开来,经历代相传,饮屠苏酒便成为过年风俗。古人饮屠苏酒不同今日。聚会饮酒,总是从年长者饮起;但饮屠苏酒却恰好相反,从最年少者饮起。宋代文学家苏辙《除日》诗云:"年年最后饮屠苏,不觉年来七十余"即是这种风俗的真实写照。有人不解其意,其实它的"理论"是:"少者得岁,故贺之;老者失岁,故罚之。"直至清代,这一习俗仍传习不衰。当代人过年虽有各种酒品可供选择,饮酒次序也未必如此严格,但增岁添寿的祝福从未改变。

年夜饭花样繁多,各地不同,但饺子、馄饨、长面是炎黄子孙的共选项。特别是吃饺子,已经成为除夕守岁、待客的基本礼仪符号,因其有"更岁交子"的特殊之意,又因其状如元宝,给人"新年大发财,元宝滚进来"的无限联想,所以,饺子是普天同庆的首选之品。新年吃馄饨则取其"开初"之意。传说中世界生成前处于混沌状态,自从盘古开天辟地,才有了宇宙四方。长面也叫长寿面,新年吃长面,这样的礼仪自会皆大欢喜。

42. "福"字到底怎么贴

"福"字年年贴,家家贴,但确有许多人家并不掌握其中深意,人云亦云,结果贴得含义相反,空负了一腔美好祝愿。"福"字分正"福"、倒"福"和各类小"福",其中,倒"福"斗方,要贴在门厅正前方,意指"福入厅堂"。有的人家在单元大门口上,堂而皇之地贴着一张倒"福",而且一贴就是一年,美其名称"福到(取'倒'谐音)了",殊不知,这是大错特错的,这个倒"福",只能贴在家里,贴在单元门外的必须是正"福"。因为,按照旧时的说法,"福"字正贴为正选,只有在以下三种情况下才可以倒贴:一是旧年中家遇不幸祈求转运者;二是家有识字小儿者,故意将"福"字倒贴,询问小儿道:咱家福字贴得对吗?如小儿说出"福倒(到)了",即奖糖果。如小儿未说此意,大人便从口袋里掏出预先准备的草纸,在小儿嘴上一擦,意思是刚才那句话不是嘴说的,不作数,并立刻将"福"字正回来;三是厕所等污秽之所倒贴为上。

一般情况下,贴"福"字时间在除夕下午的落日之前,顺序是从外向里贴,先贴抬头福,再贴门福,最后才能贴倒福,寓意一年的福气都从外面流进来。

43. 贴在春联上的学问

对联是中华传统文化的重要组成部分。2005年,国务院将其列入第一批国家非物质文化遗产名录。福字和春联是中国年的两大符号。中国人的新春,是从春联开始的。

春联俗称"门对"或"对子",始于五代时期,到了宋代,贴春联已在民间蔚然成风,王安石诗中便有"千门万户曈曈日,总把新桃换旧符"之句,此时的桃符也由桃木板改为纸张,称为"春贴纸"。

春联真正盛行于明代,除夕当天所贴春联将一直等到自然脱落或完全褪色才算完成使命。

对联被称为"诗中之诗",就像一曲悠扬上口的短板,有其严格的格律,主要包括四大原则——

一为字数相等。即对联无论长短,上、下联字数完全一样。作为常用修辞手法,对联允许出现叠字或重字,但必须上下联一致。代表作有明代顾宪成题无锡东林书院联:

风声、雨声、读书声,声声入耳;

家事、国事、天下事,事事关心。

对联应力避"同位重字"和"异位重字"。同位重字是以同一个字在上下联同一个位置上出现,异位重字是同一个字在上下联不同位置上出现,但虚词同位重字可以例外,比如杭州西湖葛岭联:

桃花流水之曲;

绿荫芳草之间。

这里还有一种特殊"异位互重"格式,又称"换位格",比如有一首写给孙中山的挽联:

一人千古;

千古一人。

二为词性相当。现代汉语有两大词类,即实词和虚词。实词含名词(包括方位词)、动词、形容词(包括颜色词)、数词、量词、代词六类。虚词含副词、介词、连词、助词、叹词、象声词六类。词性相当首先是"实对实,虚对虚"规则,其次是词类对应规则,即所用词性各自对应。

三为平仄相谐。平仄即阴平、阳平为平,上声、去声为仄。古四声中平声为平,上、去、入声为仄。当代联家总结出"马蹄韵"规律,也就是"平平仄仄平平仄仄"的格式,仿佛马蹄踏踏的节奏,比如:

书山有路勤为径;

○○●●○○●

学海无涯苦作舟。

●●○○●●○

(○平●仄。"学"字按《平水韵部》为入声)

四为内容相关。对联就是既能"对"又有"联"。字数相等、词性相当、结构相同、节奏相应和平仄相谐等都属"对"之范畴,而"联"就是内容相关。一副对联的上下联内容必须有一定的关联,否则无法贯通、呼应的两句话是不能算作对联的。

中华传统文化的博大精深便在于她的多样性,楹联强调内容相关,但同时又禁忌同义相对(术语为"合掌"),也就是说,上下联句之意要避免雷同,如"旭日"对"朝阳"、"史册"对"汗青"、"神州千古秀"对"赤县万年春"、"生意兴隆通四海"对"财源茂盛达三江"等均属合掌,因为它们在有限的两句话中表达的是同一个层面的含义,既没有延伸,也没有提炼。

在中国,处处可见楹联身影,除名胜宫殿、亭台楼阁、厅堂书屋外,还广泛用于节庆、题赠、祝贺、哀挽、陵墓等场合,有春联、寿联、风景名胜联、自题联及各种技巧联等多种类型。其中,春联习俗最具代表性,并以其祝颂性、时效性、人性化等特点受到特别青睐。

根据使用场所,春联分为门心、框对、横披、春条、斗方等。"门心"贴于门板上端中心部位;"框对"贴于左右两个门框上;"横披"贴于门楣横木上;"春条"根据不同内容贴于相应地方;"斗方"为正方菱形,多贴在家具、影壁上。

上下联很好区分,最后一字为仄声(一般指三四声)者为上联,最后一字为平声(一般指一二声)者为下联。至于春联的贴法则要从古时所崇方位说起。中国自古以"左"为大位,因此对联上联应在"左"边。此指左边其实是看联人所对的右边。还有一个办法是根据横批判断。现代人从左向右书写,从面对大门方向看,如果横批从左向右书写,则上联在左,下联在右;如果横批从右向左书写,则上联在右,下联在左。

对联的类别决定对联的贴法。散联的贴放原则是有横额看横额,没有横额看语境。通联的贴放原则是先看横额,再看逻辑,然后语境,最后平仄。格联的贴放原则是主要看平仄,一般情况下为上仄下平。贴对联时,还可以根据几个细节判断上下联位置。

一是因果关系。比如"妹妹我思之,哥哥你错了",没有"思之"的因,何来"错了"的果?二是文意气势。比如"春风春雨春色,新年新岁新景",上下联尾字均为去声,但下联气势明显强于上联,所以孰上孰下一目了然。三是横额。比如"天和人和全家和,福多财多喜庆多",因为横额是"和气生财","和"字在前,所以自然是上联。

春联像其他类型的对联一样,讲究情词贴切,既恰到好处,又意境深远。有专家提炼出对联不同题材的不同要求极为精辟:歌颂英雄的要"沉雄",品评人事的要"端庄",室内悬挂的要"清雅",赠送友人的要"精巧",表示意见的要"婉曲",追念死者的要"悱恻",描景状物的要"藻丽"。

合掌是对联大忌,但又是常犯之错,有位联人戏拟的《合掌对两串》可以作为喜欢楹联者的必读之物,你听:瞧对看,听对闻,上路对启程。后娘对继母,亡父对先君。醪五两,酒半斤,扫墓对上坟。乞援双瞎子,求助二盲人。岳父有因才枉驾,丈人无故不光临。十分容颜,五分造化,五分打扮;两倾姿色,一半生就,一半妆成。你再听:行对走,跑对奔,早晚对晨昏。侏儒对矮子,傻子对愚人。观浪起,看波兴,闭户对关门。神州千载秀,赤县万年春。国士无双双国士,忠臣不二二忠臣。大德似天高,天高加一丈;恩深如地厚,地厚减千分。记住这些,在品赏对联时,就会不由自主地再登上一个台阶。

44. 拜年规矩一二三

春节里的重头戏是到亲朋好友和邻居家拜年。古时有拜年和贺年之分:拜年即向长辈叩岁;贺年指平辈相互道贺。

拜年一般从家中开始。正月初一一早,晚辈起床后,要先向长辈拜年,祝福长辈健康长寿。长辈要将准备好的"压岁钱"分给晚辈。在给家中长辈拜年后,人们外出拜年,互道"过年好"。

旧时人家,倘亲朋过多,难以一一登门,便差使仆人带一种用梅花笺纸裁成二寸宽、三寸长的卡片,上写受贺人姓名、住址和恭贺话语,称为"飞帖"或"投谒",类似于今天流行的贺年片。各家门前贴有红纸袋,上写"接福"两字,专门承收飞帖。大户人家还要特设"门簿"记录客人飞帖,其首页通常虚拟四位"亲到者"以图吉讨彩:一是寿百龄老太爷,住百岁坊巷;二是富有余老爷,住元宝街;三是贵无极大人,住大学士牌楼;四是福照临老爷,住五福楼。

大约从清代起,拜年又兴"团拜"新式。有记载云"京师于岁首,例行团拜,以联年谊,以敦乡情",便是一段有关拜年新礼仪的真实记录。时至今日,只要能够恰如其分地表达祝福,拜年已不拘于定式,贺卡拜年、电话拜年、电邮拜年、短信拜年都是不错的选择。

45. 正月十五为何闹元宵

元宵节是春节的第二个高潮,也是正月里的重头戏,尽管各地风俗礼仪有所不同,但基本内容并无本质差异,都是为了将团圆的期盼和红火的祝福同时放大。

闹元宵的主角自然是元宵。"元宵"作为食品,已有千年历史,最早被叫做"浮元子",后被俗称为"汤圆",以白糖、玫瑰、芝麻、豆沙、桃仁、果仁、枣泥等为馅,用糯米粉包成圆形或在专用圆桶中"滚筛"成形,可汤煮、油炸、蒸食。

闹元宵的重心在于观灯。元宵节放灯习俗,至唐代演变为盛世灯市。当时的京都长安人口百万,属世界最大型都市。唐玄宗时期,长安灯市燃灯五万盏,蔚为大观。

元宵节还是个浪漫的节日,特别是在封建社会中,给了养在深闺人未识的年轻女孩出外游玩的机会,也许"只因在人群中看了你一眼",就可能成就一生的姻缘。欧阳修《生查子》的"去年元夜时,花市灯如昼;月上柳梢头,人约黄昏后"和辛弃疾《青玉案·元夕》的"众里寻他千百度,蓦然回首,那人却在灯火阑珊处"描述的都是元宵之夜的情境,所以,元宵节和七夕一样都有中国情人节之称。

除去节庆活动,元宵节期间还被赋予一项保健职能,即"走百病"或"遛百病"或"散百病",热衷者多为女性,每年正月十六,她们都要结伴而行,目的是祛病除灾,走来一年的好体格。

46. 清明节:不可不知的礼仪

清明时节雨纷纷,这个乍暖还寒、细雨润物的节气最适于睹物思人、纪念祖先,因此,扫墓是清明节最重要的一环,实际上成为家族踏青大聚会,在追溯生命源头的过程中浓厚了血脉之亲。

扫墓时的礼仪并不复杂。首先是洒扫坟茔。此举既是对逝者的孝敬和缅怀,也有祈祷祖先护佑子孙兴旺发达之意,所以万万不可忽略。

扫墓时间各有差异。一些地区的规矩是,扫墓不能选定清明当天,而要选在清明前的"单日",也有一些地区则约定俗成地定于清明节的前三天和后四天内扫墓,俗称"前三后四"。

至于扫墓方式,当然最好在墓地举行,但无法亲赴现场者,要以另一种替代形式表达思念,那就是"烧包袱"(或烧纸)。所谓"包袱",是指晚辈由阳世寄往"阴间"的邮包。新时代移风易俗,认为大量焚烧纸钱既不环保,也不文明,呼吁以网上祭奠或鲜花祭奠取而代之,同样是寄托哀思,这样的礼仪更有情调。

旧时清明节礼仪中,还有一项传承多年、各地统一的内容,就是扫墓时,妇孺折柳成环,戴于头上。此礼源于何因,已无确切考证,比较普遍的两个说法,一是为了纪念"教民稼穑"祖师神农氏;二是中国人以清明、七月半和十月朔为三大鬼节,人们为防百鬼侵害,折柳护身。因为在传统观念中,柳有辟邪功用,向有"鬼怖木"之称,民谚道:"清明不戴柳,红颜成皓首""清明不戴柳,死后变黄狗"便是提醒人们注重戴柳之效。

47. 端午不只是粽子

戴菖蒲、插艾蒿、饮雄黄,是端午节最重要的标志和最基本的礼仪。竹叶之青,艾草之涩,麦收之丰,构成了端午节的主旋律。而屈原,更因其悲愤的求索成为后人永远的感念。

端午节吃粽子,古往今来,举国一致。其中几项基本礼仪各地也大同小异。

挂香囊。民间认为五月是五毒(蝎、蛇、蜈蚣、壁虎、蟾蜍)出没之时,预防五毒之害,一般做法是在屋中贴挂五毒图,用五根针刺于五毒之上,使其无法横行。长辈要送孩子香包佩戴,用以避邪驱瘟。香包样式因人而异,成年人喜戴梅花、菊花、苹果等形状,象征鸟语花香、家庭和睦;孩子则青睐飞禽走兽类,显得虎虎有生气。

送钟馗。钟馗捉鬼是端午习俗。很多地区都是家家悬挂钟馗像用以镇宅。送钟馗像,一般选在五月初三或初四,端午当天是不能送去的。按照民间礼仪,端午节当日,不宜互相拜访,最好各自在家过节。

48. 七夕节,我要怎么表白

千百年来,牛郎、织女早已成为中国爱情的代言符号,农历七月初七的七夕节,更是具有强烈的象征意义和浪漫情怀。

七夕节也称"乞巧节"或"女儿节",是旧时姑娘家最重视的一天。因为在这个多情的夏秋之夜里,她们要借着牵牛星和织女星的相会,为自己许下一个羞涩的心愿,早日择中如意的郎君。

之所以称为"乞巧节",是因为织女是个心灵手巧的仙女,能织出云一般美丽的天衣,凡间女性要向她乞求智慧和巧艺,让自己女红娴熟,姻缘巧配。乞巧习俗汉代已成,所用之针分双眼、五孔甚至七孔、九孔之多。七夕之夜,姑娘们手执丝线,对月穿针,谁先穿过就意味着谁先"得巧"。

姑娘乞巧,小伙也闲不住。由于相传农历七月七日是魁星生日。魁星主掌考运,欲求功名的读书人一定会在这一天祭拜,祈愿自己考运亨通,"一举夺魁"。

盛夏的炎热还催生了另一项七夕习俗——晒书、晒衣,亮亮饱学诗书的家底,诚恳许下心愿,两者相加,读书人金榜题名的时刻也许为期不远。

与旧时姑娘、小伙的含蓄形成天壤之别的是,当代青年喜欢张扬个性,爱你就要说出来,那么,"七夕节"是一个绝佳的表白机会,但是对象不同,礼仪各异。

如果向暗恋的他或她表白,只需一束鲜花,配上一张精致的卡片,既传心意,也试态度,无论结局如何,都无伤大雅。如果向心仪的未婚异性上司表白,则要慎之又慎,因为办公室恋情处理不好,很容易偏离,所以没必要赠送昂贵礼物,送些情人节常规礼物即可。至于热恋中的情人,当然最需要浓情蜜意的表白,情侣对表和象征性戒指都是不错的选择,相当于你们的感情宣言。对于终成眷属的有情人,这一天同样需要浪漫的表白,当然,夫妻间的礼物,温馨之余,考虑更多的是它的实用性,把它当做增添生活情趣的道具。

49. 月饼之圆寓何意

中国自古便有帝王春天祭日、秋天祭月礼制。月饼本是祭月供品,后来演变为中秋食品和礼品。《西湖游览志》称:"民间以月饼相馈,取团圆之义。"

中秋月饼,和端午粽子、元宵汤圆一样,都是民间习俗的产物,也是礼仪载体。月饼,又称胡饼、宫饼、团圆饼等,民间吃月饼度中秋始于明代,心灵手巧的饼师将嫦娥奔月神话作为图案刻于月饼之上,使其有了象征合家团圆的职能。

尽管时代发展至今,原汁原味的祭月礼仪已不多见,但其中的礼仪程序是对月神崇拜的最好诠释,能够给人留下许多回味。

一是祭月人选。祭月时应推选一名主祭,一名赞礼(相当于主持人),若干执事(主祭助手),因有"男不拜月,女不祭

灶"的说法,所以主祭大多由女性长辈担任。器具包括祭桌一张、草席若干、香炉一盏、红烛两根以及米(白)酒一瓶、酒杯三只,再加上月饼、瓜果等祭品。

二是祭月之礼。正规的汉族祭月仪式是"经坐"(具体坐法是膝盖并紧,臀部坐在脚跟上,脚背贴地,双手放在膝盖上,目视前方)于席,拜月时不是站立鞠躬,更不是双手合十,而是取直立位,举手加额如揖礼,鞠躬九十度,然后直身,同时手掌齐眉,接着双膝同时着地,缓缓下拜,以手掌着地,额头贴于掌上(这一套动作方可称拜),之后直起上身,手掌再次齐眉,平身或再拜。

50. 重阳敬老礼何求

"独在异乡为异客,每逢佳节倍思亲;遥知兄弟登高处,遍插茱萸少一人。"王维的这首《九月九日忆山东兄弟》是有关重阳节的知名度最高的一首诗。

农历九月九日定为重阳节已有两千多年历史,《易经》将"九"视为阳数,九月九日,两九相重,故为"重九",也作"重阳",被认为是值得庆贺之日。是日,因大多数地区已进秋季,天高云淡,所以活动异常丰富,出游赏景、登高远眺、观赏菊花、遍插茱萸等内容无不令人尽兴而欢。

插茱萸、戴菊花是重阳节重要习俗。茱萸味香，有驱虫祛湿效用，又可消积食，散寒热。而由于民间有观点认为九月九日是逢凶之日，百姓喜佩茱萸辟邪求吉。他们将茱萸戴在臂上或磨碎置于香袋里，称为茱萸囊，甚至还有人把茱萸或菊花插在头上。

登高远眺是重阳节的主要节目，特别是老者，更是借这一天，舒筋活血，邀友叙旧，登高之处并无特殊规定，小山、高塔都是上好去处。这些习俗使得重阳节又有了"茱萸节""登高节"的别称。

流传了几千年的重阳节1989年又被赋予了新的内涵。这一年，中国政府将每年的农历九月九日定为"老人节"或"敬老节"，为那些居于年龄和成就高处的老人送去最美好的祝福。

51. 你知道这些谦辞的来历吗

中国人向以谦逊为美,与人交往时,言谈、用笔多用谦辞,既是客气的表现,也是儒雅的需要。越是正规、重要的活动场合,越是需要以谦辞表白心意,但由于讹传与误导,很多人仅知其然,而不知其所以然,以致连著名主持人都闹出称别人父亲为"家父"的笑话,可见自谦也不是随便"谦"的。

在古装影视剧和古代典籍中,经常可见的一些谦辞大都有着特指的含义,绝不能望文生义,否则只会贻笑大方。

"鄙人"是最常用的自称谦辞,甚至在近现代文学作品中都能时常见到它的身影。"鄙"本指都邑四周土地,引申为郊野、边远之处,由于远离闹市自然消息闭塞,所以自称"鄙人"是谦虚地表示自己识不如人。

称呼自家妻子,从古到今有着几十种叫法,比较传统的谦称是"拙荆"。此意何来?"荆"本为一种落叶灌木,在此代指使用荆枝做成的簪钗。而尊称别人妻子,直至今天,最常见的称呼仍是"夫人"。"夫人"一词在古代有特指,《礼记·曲礼下》中有"天子之妃称后,诸侯称夫人"之句,也就是说,诸侯之妻方称"夫人"。有明一代,一、二品官员之妻封为"夫人",由此可见,"夫人"实属高干家属,用"夫人"尊称他人之妻,有着鲜明的抬高身价意味。

古代帝王称呼自己时,最常用的是"寡人""孤"和"朕"。在这里,"寡人"可不是"单独一人"之意,而是"寡德之人"的简称,也就是说,连皇上也要使用谦辞,表达自己德行还有欠缺的遗憾。与此同理的是,僧人、道士均以"贫僧""贫道"自称,亦非指出身贫穷,而是指学识、道行的不足,是修为不够、功德未满的谦辞。

当今世界很多城市都建有花花绿绿的"涂鸦墙",喜欢舞文弄墨者总是谦称自己的文章或书画乃"涂鸦之作",它的来历是这样的:唐代诗人卢仝有一子,童年时喜欢以毛笔在纸上涂抹,卢仝感其稚趣,作诗记称"忽来案上翻墨汁,涂抹诗书如老鸦"。从此,后人便以"涂鸦"代指随意而为的创作或笔力稚拙的书法,谦称自己所作水准不高。与之相关的常用谦辞是"补壁"。书画家赠画于人时,常说"聊供补壁"。这是什么意思呢?实际上,"补壁"就是字面之意,意为修补墙壁,谦称自己的作品价值低廉,只能聊作修补墙壁之用。特别需要注意的是,"补壁"一词只能赠送方使用,受赠方如果这么说,将是对对方的极大轻视。

"续貂"这个词你并不陌生吧?这是为他人著作写续集

的常见说法,也称"狗尾续貂",源于"貂不足,狗尾续"的典故。貂属毛皮珍贵动物,古代近侍官员多以貂尾作为冠饰,至晋代时朝廷冗员过剩,导致貂尾严重短缺,无法满足冠饰需求,只得以狗尾替代。后来,此意被延伸至代指庸品续于上品之后。

民间俗谚称"好借好还,再借不难",儒雅之说表示归还他人物品时,常用"璧还"一词。此说出自《史记·廉颇蔺相如列传》完璧归赵的故事,此后,"完璧归赵"即被作为物归原主的代称,简作"璧还"。

涉外活动中,宾主双方致辞时,常用敬辞之一便是"阁下"。"阁下",顾名思义,本指楼阁之下,借指居于楼阁之下随时待命的随员。古代要人交往时,为表达对在上者敬意,不直呼对方,而是转呼侍从并由其转告主人,以卑达尊,而后"阁下"一词逐渐演化为敬称。

职场中,被人重用、提携时,表达感谢之情的说法是得到了贵人"垂青"。"垂青"之"垂",本指悬挂,引申为俯身,这个扑下身子的动作,隐含的是对对方品德、学问高于自己的认可,也就是说,自己能够有今天,完全是对方自上而下对自己的栽培。"垂青"之"青",指的是眼珠的黑色部分,是与眼白部分相对而言。眼睛正视他人时,眼珠居于正中,黑色部分为主,显示的是对他人的尊重,当眼睛看向上方或旁边时,眼白部分便显露出来,代表着不屑一顾。

请人修改自己文章时,最常用的敬辞当属"斧正",指的是对方动笔删改文章犹如能工巧匠挥洒自如,为原稿增色添彩。该词出自《庄子·徐无鬼》:楚国郢都有人在鼻尖涂上一层白粉,让一位巧匠用斧头将粉削去。巧匠二话不说,挥动大斧削掉白粉,而那人的鼻尖却完好如初。所以后来"斧正"一词里包含着对对方超群技艺的由衷钦佩。

直到现在,人们书信往来或是递送请帖时,仍会沿用旧时书信中常用的"台甫""台驾""台鉴"等词语。此处之"台"本来源于星宿名。《晋书·天文志》称:"三台六星,两两而居……西近文昌二星称上台……次二星称中台……东二星称下台。"古代素喜以星象人,因此朝廷最高长官"三公"被称作"三台"。后来此"台"用于指称地方高官,如"抚台""藩台""道台"等。随着逐渐延展,对草根人物也以"台"相称,比如"兄台""台端"等,意在抬高对方身份以示尊敬。

52. 常用敬辞面面观

敬辞是人际交往中使用频率最高的词语,显示的是当事人低调、谦和的心态和恕己、敬人的胸怀。代代传承的敬辞直到今天仍被广泛运用,按照出现率的高低,常见的敬辞有以下几个系列。

1."贵"系列

贵姓:与陌生人打交道,我们出口的第一句话便是"请问您贵姓?";"贵庚"虽不如"贵姓"使用普遍,但也属知名度极高的敬辞,是询问他人年龄必用问法,当然,提这一问题时要因人而异,随便打探女士年龄是不礼貌的行为;贵干:询问他人打算做何事时,一般的说法是"请问您贵干?";贵子:称对方的儿子(带有祝福色彩);贵公司:称对方公司;贵校:称对方学校。

2."高"系列

就像敬酒时将自己的酒杯置于对方酒杯之下一样,此处所用"高"字的含义也是将自己的位置置于对方之下,比如高就是询问对方在哪里工作;高寿是询问老人家年龄(多指六十岁以上老人)的尊敬说法;高见或高论则指对方见解一定睿智、高明;高攀则是在和他人交友或结亲时的谦辞,意指由此得到了对方的许多益处;高堂则是对对方父母的称呼;高足专指对方的学生或徒弟。

3. "大"系列

尊称对方或与对方有关的事物时,一个"大"字,尽在其中。比如大伯、大爷、大叔,除了指自家伯父外,可以是对所有年长男性的尊称;大哥是对与自己年龄相仿男性的尊称;大姐是对与自己年龄相仿女性的尊称;大妈、大娘可以是对所有年长女性的尊称;大人:称呼长辈的书面语,多用于书信抬头;大驾:称对方,一般与"光临"等字词连用;大名:称对方名字;大作:称对方著作;大札:称对方书信。

4. "老"系列

比"大"字程度更深一层的便是"老"字,是尊称他人的常用字。比如老伯、老大爷、老爷子等,都是对老年男性的概性尊称;也常将"老"字置于姓氏之后,用于对年纪长、资格老、经验多的老者的尊称,像王老、李老等;老兄则专门尊称男性朋友;老总则由此意引申后,首先用于称呼部队首长,后来多见于对企事业单位一把手的尊称。

5. "拜"系列

用于自己行为涉及对方时的谦辞,含有仰望、敬佩之意。比如拜读是指阅读对方作品;拜会是指和对方见面;拜望是指看望对方;拜托是请对方帮忙时的感谢之语;拜辞指与对方告辞;拜访是指访问对方;拜服指佩服对方;拜贺指祝贺对方;拜识指结识对方。

6. "奉"系列

"奉"字作为一个动作时,是双手向上的姿态,其间饱含着深深的敬意。常见的"奉"系列词语有——奉告:即告诉对方;奉还:归还对方物品;奉送:赠送对方礼物;奉达(多见于书信):告诉,表达;奉复(多用于书信):回复;奉陪:陪伴;奉劝:劝告;奉托:拜托。

7. "惠"系列

许多宾馆饭店的影壁上常印有这样四个大字:欢迎惠顾。此处之"惠",带有恩惠之意,是生活常用敬辞。类似的意思还有——惠赠:指对方赠予自己(财物或值得纪念物品);惠存:多用于赠送对方照片、书籍等纪念品时的题词语,是"请保存"之意,如"请XXX惠存";惠顾:商家称顾客为"衣食父母",他们的到来自然有恩于己;惠临:与惠顾近似,指对方到自己处所来;惠允:指对方允许自己做某件事情。

8. "令"系列

敬辞是对人,谦辞是对己。常见的两类词语中,容易混淆的是作为敬辞的"令"和作为谦辞的"家"。所以切记"令"系列一定是在说别人亲属时才能使用的。比如——令尊:尊称对方父亲;令堂:尊称对方母亲;令爱(媛):称对方女儿;

令郎:称对方儿子;令兄:尊称对方兄长;令弟:尊称对方兄弟;令侄:尊称对方侄子;令亲:尊称对方亲戚。

9."宝"系列

在称呼对方及其所属亲属或实体时,"宝"字与"贵"字和"令"字有近似之处。比如——宝号:称对方店铺;宝眷:称对方家眷等。

10."呈"系列

常用于公文报送。比如——呈正:将自己作品送交别人,请其批评、指正;呈报:指以公文形式将需要处理的事宜向上级报告;呈请:指用公文向上级请示。

11."垂"系列

"垂"字代表自上而下的关照和爱护,所以在表达长辈或上级对自己的评价、推介、栽培等意思时,常用此字。比如——垂询:称对方(多指客户)对本企业事务的询问和关注;垂问:表示别人(多指长辈或上级)对自己事务的过问;垂爱:称对方(多指长辈或上级)对自己的爱护(多用于书信);垂青:称别人对自己的重视;垂念:指别人对自己的挂念。

12."光"系列

表示荣光之意,基本用于走亲访友和商家答谢时的敬辞。比如——光临：指对方到自己所在地来；光顾：与"惠顾"意同，商家多用此语。

13."恭"系列

"恭敬"是一个妇孺皆知的字眼儿，指对待对方谦卑、客气的态度，同时有着很强的祝福色彩。比如——恭贺：指恭敬地祝贺；恭候：指恭敬地等候；恭请：指恭敬地邀请；恭迎：指恭敬地迎接；恭喜：用于祝贺对方喜事等场合。

14."敬"系列

虽然"恭""敬"不分家，但在有些语境下并不能通用。比如——敬告：告诉；敬贺：祝贺；敬礼（多用于书信结尾）：表示恭敬、致意之意；敬请："请"字加"敬"，是敬上加敬；敬佩：敬重而且佩服；敬谢不敏：打算拒绝接受某件事情时，是一种婉辞的说法。

15."俯"系列

公文中用来称呼对方对己方所为的敬辞。比如——俯察：表示对方或上级对自己理解时多用此语；俯就：用于恭请对方出任某个职务时的敬辞；俯念：称对方或上级体恤、挂念自己；俯允：称对方或上级允许运作某事。

16."华"系列

"华"字在此包含宽广、华丽、大气之意，是常用的赞美之词。比如——华诞:称国家或他人成立日或生日;华堂:称对方所居房屋;华翰:称对方所寄书信;华宗:当与对方同姓时,可以使用此词表示荣幸。

17."叨"系列

"叨"字如很多词语一样,既敬且谦,比如——叨光(得到他人好处,表示感谢):意即沾光;叨教(受到他人指教,表示感谢):领教;叨扰(受到款待,表示感谢):打扰。

18."雅"系列

比如——雅教:称对方对自己的指教;雅意:称对方的情意或意见;雅正(把自己的诗文书画等送人时所题上款多用此语):指正批评。

19."贤"系列

称呼自己的平辈或晚辈时的敬辞,意指对方贤德、出众。比如——贤弟:称比自己年龄小的男性;贤侄:称他人之子。

20."玉"系列

"玉"为圣物,洁净润滑,是才德过人的象征。比如——玉体:称对方身体(偏于女性);玉音(多用于书信):尊称对方书信或言论;玉照:称对方照片;玉成:成全,有"艰难困苦玉汝于成"之句。

21."芳"系列

"芳"字在此由气味引申为美好。比如——芳邻:称对方邻居;芳龄(多用于年轻女性):称对方年龄;芳名(多用于年轻女性):称对方名字。

22."屈"系列

"屈"字本意为弯曲、委屈,由此反衬对方。比如——屈驾(多用于邀请人时的敬辞):委屈大驾之意;屈就(多用于请人担任职务):委屈就任;屈居:委屈地处于(较低地位),常见于势均力敌的比赛后,给予失利方的评价;屈尊:降低身份俯就。

除此之外,日常生活中常用的敬辞还有——鼎力(用于请托或感谢):全力以赴;足下:称对方;包涵:请人原谅;留步:(用于主人送客时,客人恳请主人不要远送):止步;笑纳(用于请对方收下礼物):请接纳收下;府上:称对方居所;指正(请人批评自己的作品或提出宝贵意见):指出错误,使之改正;赐教:给予指教;久仰(多用于初次见面):仰慕已久等。

53. 常用谦辞大检阅

所谓来而不往非礼也,在人际交往中,人敬你一尺,你要敬人一丈。人家毫不吝惜地使用敬辞,你自然要投桃报李地还以谦辞,切不可坦然消受,给人留下傲慢、失礼的印象。生活中常见的谦辞主要有以下几个系列,其中很多都是常用敬辞的反义词。

1."家"系列

用于对他人称呼比自己辈分高或年龄大的自家亲属;比如——家父、家严:是对别人称自己的父亲;家母、家慈:是对别人称自己的母亲;家兄:是对别人称自己的兄长。

2."舍"系列

用于对他人称呼比自己辈分低或年龄小的自家亲属:比如——舍侄:是对别人称自己的侄子;舍弟:是对别人称自己的兄弟;舍亲:是对别人称自己的亲人;舍间:谦称自家居所,也称"舍下"。

3."鄙"系列

"鄙"字原有鄙陋、浅薄、闭塞之意,所以与其相关的词语大都是这一含义的延伸。比如——鄙人:谦称自己;鄙意:指自己的一家之言;鄙见:指自己的不成熟见解;鄙薄:谦称自己的浅陋微薄。

4."敝"系列

与"鄙"字近义,也是典型的谦称。比如——敝人:谦称自己;敝姓:谦称自己的姓;敝校:谦称自己所在的学校。

5."愚"系列

"愚"本意为蠢,但用于此处时是典型的自谦说法。比如——愚兄:向比自己年轻的对方称呼自己时,常用此语,是仅比对方痴长几岁但并无多大建树的意思;愚见:指自己的见解。

6."拙"系列

"拙"、"愚"同理,皆是愚笨之意。比如——拙笔:谦称自己的书画;拙著、拙作:谦称自己的文章;拙见:谦称自己的见解。

7."小"系列

与敬辞中的"大"和"老"意思相左,比如——小人:地位低者自称语;小店:谦称自己的商店;小弟:男性在朋友之间谦称自己;小儿:谦称自己的儿子;小女:谦称自己的女儿;小生(多见于早期白话):青年读书人自称;小可(多见于早期白话):谦称自己;在这层意思上,"后"、"晚"与"小"类似,如后进、后学、晚生、晚辈等,均为自谦之语。

8."敢"系列

有求于人时,对自己冒昧惊动他人的谦辞,比如——敢问:用于向对方询问问题;敢请:用于请求对方出席某个会议或参加某项活动;敢烦:用于麻烦对方做某件事情。

9."见"系列

这是日常生活总会用到的谦辞,比如——见谅:请人谅解;见教:指教(本人),如"有何见教"。

10."薄"系列

"薄"字此意为小、浅、廉等,比如——薄技:指微不足道的技能,常用来谦称自己的技艺;薄酒:味淡的酒,常用于请客时的谦辞;薄礼:不太丰厚的礼物,多指自己送给他人的礼物;薄面:为人求情时特指自己的情面。与"薄"字近义的是"绵",日常用语有"付出自己的绵薄之力",即指自己薄弱的能力。

11."不"系列

此类用语属于正话反说。比如——不才:没有才能,常作为"我"的谦称;不佞:没有才能;不敢当:表示承担不起(对对方的招待、夸奖等);不敏(敬谢不敏):没有才能;不足挂齿:指自己所为不值得别人称颂;不情之请:指自己对人提出的要求有过分之处。

12."承"系列

这是对他人表示感激的低调之语。比如——承乏:表示所在职位因无适当人选而暂由自己充任;承让:特指在比赛中,对自己取得优势的谦辞,意为因为你谦让我,才会取得这样的局面。

13."一"系列

"一"字系列多为成语。比如——一知半解:形容自己知识浅薄,只懂得一点皮毛;一枝之栖:这是常用的求职信中的用语,意为只求得到一个落脚之地即可,并无过多奢望;一得之愚:对某件事情仅存一点见解,多用于座谈会上个人发言等场合。

14."忝"系列

表示因为自己能力有限,在名誉上连累他人,心存愧疚。比如——忝列:为被列入名单或处于队列之中而惭愧。举例:忝列门墙(指愧在师门);忝在:也是自愧之意。举例:忝在相知之列;忝任:担任现职受之有愧。

15."劳"系列

请他人为自己做出某些付出时的自谦之语。比如——

劳驾:是劳您大驾的简称,意为给人添麻烦了;劳步:用于对别人来访的感激之语。举例:您公务繁忙,千万不要劳步;劳烦:指麻烦别人;劳神:用于麻烦他人为自己办事时的客气之语。

54. 这些雅语你会用吗

汉语言蔚为大观,具有无穷的韵味和魅力,其中无数生活雅语历久不衰,以其顽强的生命力和不断融入的现实元素,成为人际交往最好的润滑剂。以下这些常用雅语,只要运用恰切,必将带给我们快乐的心境。

请人原谅时要说"包涵";求人帮忙时要说"劳驾";向人提问时要说"请教";抢道先行时要说"借光";归还物品时要说"奉还";未及迎候时要说"失迎";请人停送时要说"留步";问人住址时要说"府上";送别友人时要说"保重";向人道贺时要说"恭喜";希望照顾时要说"关照";请人赴约时要说"赏光";无法满足时要说"抱歉";慰问他人时要说"辛苦";中途退场时要说"失陪";请人决定说"钧裁";谢人青睐时要说"错爱";受人夸奖时要说"过奖";交友结亲时要说"高攀";长期未见时要说"久违"。

汉语言中的雅语不仅是一词一义,还有许多一词多义的别称。比如有关"别"字的雅语就足够丰富——分手辞别称"告别";握手告辞称"握别";拱手辞别称"揖别";挥手告辞称"挥别";亲吻离去称"吻别";叩拜辞行称"拜别";设宴送行称"饯别";致谢告辞称"谢别";临别赠礼称"赠别";离别留言称"留别";前往送行称"送别";不愿分别称"惜别";长久分别称"阔别";永久分别称"永别"。

还有一些雅语是介于口语和书面语之间的,也不可不知,而且,当它们已经被我们纯熟地应用时,似乎并不觉得那曾是古代的用法。比如我们在公函、请柬等地方常见的词语——惠鉴、钧鉴、雅鉴、台鉴、台览都是请您审阅、审查、指教的意思;谨悉指恭敬地知道;谨启指恭敬地陈述;兹有就是现在有的意思;奉悉指接到来信;鉴于是说考虑到;本拟意为本来打算;不日即不久,不多天之意;不时就是随时;售罄指货已卖完;瑕疵指微小的弱点;迭函指屡次发信;为荷、是荷意为接受你的恩惠(举例:复函为荷);卫冕指竞赛中蝉联前次获得的冠军称号;金兰可用做结拜为兄弟姐妹的代称,代表词是"义结金兰";赏脸乃谦辞,用于请对方接受自己的要求或赠品;泰山、泰水则是岳父、岳母的雅称;托福也是客套话,指依赖别人的关照使自己获得益处;挡驾属于婉辞,指谢绝来客访问;丁忧指遭遇父母去世;斗胆形容大胆(多用作谦辞);方家即"大方之家"简称,指在某方面学有所长之人;父执是父亲的朋友;付梓指将稿件交付印刷;股肱比喻左膀右臂,多用作书面语;合卺则是成婚圆房的雅称;海涵是大度包容的敬辞(多用于请人特别原谅时);麾下指将帅的部下;马齿徒增代指自己增岁不增智;割爱指放弃自己心爱的东西;进见即前去会见,多用于对长者和首长。

汉语中的很多雅语均有特定所指,关于交友的代称就很有代表性。古人将友谊根据不同身份之人赋予了不同的名称,比如——布衣之交指普通百姓相交的朋友。刎颈之交指即便砍头也不可能变心的朋友,又称"生死之交"。莫逆之交指彼此心志相通,情投意合。杵臼之交指交友不论贫贱,亦称"杵臼交"。忘年之交指年岁差别大,辈分不同但交情深厚的朋友。总角之交指从幼年时期就相识的朋友。

55. 有多少古礼可以重来

中国素为礼仪之邦,礼仪犹如细胞,渗透至整个社会的肌体,无论国家典制、平民交往还是个人的修身,处处发散着礼仪温暖而迷人的味道。《中庸》称"礼仪三百,威仪三千",可见礼数之多。而《周礼》则将纷繁之礼、复杂之仪分为五大类,即吉礼、凶礼、军礼、宾礼、嘉礼。

吉礼即祭天、祭地、祭祖宗时所行之礼;凶礼指操办丧事、赈灾时所行之礼;军礼指发动战争、集结军队、宣布出征时所行之礼;宾礼则是中央政府招待各路诸侯以及地方诸侯之间相互交往时所用之礼;嘉礼则指结婚、成年、祝寿时所行之礼。

上述五礼,经历代传承,日臻成熟,但也出现了仪礼规范过于繁杂、形式主义日益严重等现实问题。及至宋代,才将其有所简化,合并为冠、婚、丧、祭四礼,涵盖人一生的几大必经阶段。

中国礼制精神本质是亲亲爱人,礼仪原则是自卑尊人。在人际交往中,强调低调示人,内敛待人,钦重他人,以期赢得对方同等的礼遇。"若要好,大敬小",越是地位崇高、威望深重者越要放软身段,由衷地善待他人。尊人之礼并非简单作秀,或是礼节性表示,而是发自肺腑地敬重他人,否则厚重的礼节就变成了浅薄的客套,背离了传统的礼仪标准。

许多传统礼俗发展至今,虽然有些已经断档失传,现存之礼也被贴上了鲜明的时代标签,但从不少仍然通行的礼仪中依旧能够找到历史的影子。所以,古礼未必一概落伍,新礼也不一定生机长存,关键在于在发展中继承,在继承中完善。以下几种传统礼仪都是经过时光检验的,其中的优秀因子仍然影响着我们今天的生活。

1. 行走之礼

三人行,不仅必有我师,还必有我礼。传统的行走之礼是行"趋礼",即地位低者在地位高者面前走过时,务必低头弯腰,以小步快走的姿态对尊者表示敬意。传统行走礼仪还有"行不中道,立不中门"之规,也就是说,走路不能走在路中间,应该靠右边行走;站立时不能站在大门中间。

2. 见面之礼

与不同身份者相见,传统礼仪讲求看人行礼。比如一般性招呼,仅行拱手礼即可。拱手礼是最常用见面礼仪,姿势是双手合抱(一般是右手握拳在内,左手握于右手之上)举至胸前,立而不俯,此为基本层面礼仪。如果到他人府上做客,进门后与落座前,主宾要相互行礼谦让,此礼为作揖之礼,称作"揖让"。作揖的姿势同样是双手抱拳,先抬起再垂下,同时低头示意,上身略向前倾。直至今天,作揖之礼仍在日常生活中随处可见,除社交场合外,向人致谢、祝贺、道歉及托人办事等情况下也常行作揖礼。身份高者向身份低者回礼也常行作揖礼。传统礼仪中,对至尊者还有跪拜之礼,即双膝着地,额头有节奏地触地叩拜,也就是常说的"叩首"。如今跪拜之礼只能在老派人家的除夕之夜和大婚场面上见到,而现代人的交往见面礼一般均以握手替代了。

3.入座之礼

座次是社会秩序的表象之一,是当局者身份的象征之一,古今中外莫不对此有着明确而严格的界定。坐席之上彰显着主、次、尊、卑,尊者上坐,卑者末坐。中国传统礼仪规定,室内座次东向为尊,即贵客坐于西席之上,主人一般坐于东席作陪。年长者可安排在南向位置,也就是北席。陪酒者和晚辈、随员一般居于北向位置,也就是南席。入座的规矩是用餐时身体尽量靠近桌案,用餐后身体尽量靠向椅背,也就是"虚坐尽后,食坐尽前"。这种坐法一箭双雕,一方面要求就餐前坐得比尊者靠后以示谦恭;另一方面又要求进餐时尽量坐得靠前接近桌案以免不慎掉落的食物弄脏坐席。无论坐于何处,当贵客光临时,一般情况下应该立刻起身致意。

中国的入座之礼经历了几次演变,汉代至南北朝时期流行分为主客位的分餐制,主人居北边上座,客人分坐左右两侧,并均有自己独立的餐案和餐具;隋唐时期开始出现长条方桌,取消了单独餐案,但每人仍有专用餐具;到了清代,已经普遍使用圆桌,并沿用至今。

4.待客之礼

中国传统礼仪中的招待客人,大到迎候恭送,小到餐具摆放,有着一整套中规中矩的流程,《周礼》《仪礼》与《礼记》中均有明细条文——

安排筵席时,菜品放置位置必须遵循固定法则。一般说来,带骨之肉要放在净肉左边,饭食放在用餐者左方,肉羹放在右方;脍炙等肉食放在稍外处,调味品放在面前位置;酒浆也要放在近旁,葱末之类可放远一点。如果回答客人提问,一定将脸略侧一边,以免呼气和唾星溅至盘中或客人脸上。端上整尾烹鱼时,务将鱼尾指向客人,因为鲜鱼尾部最易脱刺;但干鱼却恰好相反,要将鱼头指向客人,因为干鱼头部更易剥离;冬季时,鱼腹肥美,摆放时应将鱼腹向右,便于取食;夏季时背鳍部肉厚,所以摆放时应将鱼背向右。

主客共餐是待客之道。陪同长者饮酒时,须起立离开座席面向长者拜而受之。待长者表示不必如此后,少者方可返还入座而饮。如长者举杯一饮未尽,少者不得先将酒喝光。

面对年长位尊者时,少者还要先吃几口饭,谓之"尝饭",但不能尽饱,而要等尊者用毕后才能放下碗筷。少者吃饭时,最佳状态是小口快咽,以备随时回复长者问话。

大凡熟食,少者必先品尝第一口。如是水果类,则必让尊者先食,少者不准抢先。古人喜生食,遇尊者赐与桃、枣、李等水果,吃剩的果核绝对不能随地扔掉,而须怀而归之,否则将被视为极不尊重之举。

5.饮食之礼

饮食礼仪在中国文化中占有极为重要的位置,"食不厌精,脍不厌细"理念催生出来的饮食文化,给了历代重礼人士以无穷的想象空间。早在先秦时期就有"以飨燕之礼亲四方宾客"之说,聚餐畅饮成为一个绝佳的社交平台,上演着一幕幕或喜或悲的礼仪大剧。仅从迎送有别的称呼上,就不难了解传统饮食礼仪的丰富。迎宾宴饮称"接风"、"洗尘",送客宴席称"饯行",乃至"无酒不成席""无酒不成礼"的规矩,无不是饮食礼仪的外化之物。席上饮酒规矩多多,主要包括:客人须待主人举杯劝饮后方可饮酒,即"与人同饮,莫先起觞";客人如要表达谢意,可在席间举杯向主人回敬。夹菜也是如此,须先由主人执筷劝食,客人方可动筷,即"与人共食,慎莫先尝"。此外,古时还有一系列的进食规则,如"当食不叹"、"共食不饱"(与人共餐,不可吃得过饱)、"共饭不泽手"(指同器食饭,不可用手)、"毋投骨于狗"等,以确保营造和谐、文明的用餐氛围。

6.拜贺庆吊之礼

中国自古注重人情,亲朋邻里相亲相近,共享共荣,迎来送往之事贯穿全年,特别是节庆、吉日,更是走动频繁,于是,在拜贺庆吊方面,产生了不少仪礼俗规。拜贺之礼一般行于节庆期间,是晚辈或地位低者向尊长的礼敬。行拜贺礼时,态度必须恭敬,口诵贺词,俯首叩拜,同时将贺礼奉上。庆吊之礼,主要行于诞生、成年、婚嫁、寿庆、死亡等人生重大事件中。比如,子孙繁衍是家族大事,诞生之礼务求隆重、热闹。婴儿满月时,亲朋上门恭贺,馈赠营养食品与幼儿用品。孩子长大成人后要行成年之礼,成年礼在中国传统礼仪中称为冠笄之礼。男子20岁时行加冠之礼,将获一个新的名号,表示其正式取得结婚生子、承担责任的资格。女子15岁时行绾发加笄礼,表示已到出嫁年龄,可以女大当婚。现代社会将成人礼年龄定于18周岁,学校统一举行集体成人宣誓仪式,强调担负起应尽的家庭和社会责任。婚嫁是人生重要节点,传统礼仪将其分为六道程序,即"周公六礼":纳采、问名、纳吉、纳征、请期、亲迎。到了宋代简化为纳采、纳币、亲迎三礼。婚礼高潮在于亲迎,也就是新郎亲赴女方家迎娶新娘,新婚夫妇拜堂后进入洞房,行结发之礼与合卺之礼。寿诞礼一般在40岁后才有资格举行(当今社会,公民寿命大幅度延长,一般多掌握在60岁时开始庆祝大寿)。人生的告别仪礼是丧礼,中国人历来重视送亡,将寿终正寝的高龄人士去世看做白喜事,亲朋前来吊唁,奉上挽联、挽幛或礼品、礼金。

56. 传统礼仪是如何教化民众的

中国传统礼仪博大精深,虽然有些属于繁文缛节,已被快节奏的崭新时尚所扬弃,但其中仍有许多礼仪早已一代代渗透至我们的骨血中,影响着我们的日常生活。

中华礼仪向来由礼制和礼俗两部分组成。礼制是国家层面的礼仪制度,礼俗则是民间形成的礼仪习俗。礼俗具有自发性和随习性特点,自在传承,而礼制则是阶级社会的产物。最初的礼制是借鉴礼俗制定的,在其发展过程中,不断吸收民间礼俗的优良基因。可以说,礼制取之于礼俗,又明显高于礼俗,解决了礼俗散乱、随意的弊端,而升华为一套庄严神圣、规范统一的制度细则。礼制的主要功能在于为国,而礼俗的主要功能在于为民,前者维持国家正常运转,后者保证社会充满情趣,二者互补互用,共享荣光。

中国古代统治者都将礼仪作为调整人际关系和社会生活的准则。儒家文化是传统礼仪的正宗源头,影响着中国几千年的礼仪走向,成为中国礼仪之魂。儒家提倡修身为本,认为对人诚实无妄是礼之最高境界。为了社会和谐、世界大同,儒家将人际关系划为五类,即君臣、父子、兄弟、夫妇、朋友,也就是常说的"五伦",并追求和恪守君惠臣忠、父慈子孝、兄友弟恭、夫义妇顺、朋友信诚的准则。当上述准则重在调节、整合、润滑各种社会关系并以有形规范出现时,就衍生了方方面面的礼仪。

中国礼仪早已变成一种文化形态,长期以来,犹如一只无形之手制约着万民行为,虽然具体的仪式和礼节会随时代而调整,但其蕴含的基本精神从未改变。

检索典籍,夏之前的礼仪已无从查考,但夏、商、周三代礼仪已有明确记载,商代之礼主要用于祭祀祖先和鬼神,礼制则始于殷而成于周。周人将"礼""德"合一,成为区分贵贱、尊卑、顺逆、贤愚的人际交往准则。随后,礼仪逐步扩为吉礼、凶礼、宾礼、军礼、嘉礼等各种礼制。"五礼"基本包含了中国古代社会生活的各个领域,全面规范着社会生活。至周朝时,相关礼仪典籍已成气候,特别是为后世称道的"三礼"——《礼仪》、《周礼》、《礼记》更是全面反映了周代的礼仪制度,其中,《礼仪》分为冠、婚、丧、祭、射、乡、朝、聘八礼,多为礼俗;《周礼》为六官、地官、春官、夏官、秋官、冬官之职掌,是治国安邦之汇典;《礼记》主要阐述礼仪的作用和意义。周礼的内容无所不包,已经具备相当的系统性和完备性。后经儒家在理论层面的阐释,更加深入人心,传承不衰,深刻影响着炎黄子孙的言谈举止。

中国传统礼仪教化民众的手段其实并不艰深,一为典籍润心,一为仪式修身。比如儒家强调方正做人,牢牢把持仁、义、礼、智四端,同时将这些理论以经典为文、朝廷著令、家庭成训的方式让子孙万代熟记在心,溶化于血,意识于行。即便是吃饭这样的天天从事的生理本能,不少家庭也以食礼家训的形式将餐桌改造为教子的课堂。清代张伯行《养正类编》卷三引《屠羲英童子礼》即提到此类训条:凡进馔于长,先将几案拂拭,然后双手捧食器,置于其上,器具必干洁,肴蔬必序列。视尊长所嗜好而频食者,移近其前,尊长命之息,则退立于傍。食毕,则进而撤之。如命之侍食,则揖而就席,食必视尊长所向。未食,不敢先食;将毕,则先毕之,俟其置食器于案,亦随置之。这样的程序和规矩,以文字形式表达出来,日久天长,自然会深入孩提的心里,成为其一生的行为准则。

再有便是各种礼仪仪式。比如最为常见的冠礼,就是今日成人仪式的雏形,是给跨入成年人行列男子的加冠礼仪。古代女子也有成年礼,称为笄礼,是将头发梳成发髻,盘在头顶,以区别童年时代的发式,证明从此成人。中国古代的成年礼仪式结束后,冠者要身穿成年人服饰,拜见尊长及地方长官,聆听教诲,完善心性。

57. 中式婚礼一点通

越是中国的,越是世界的,这句话同样适用于独具特色和魅力的中式婚礼。尽管不少新人追捧西式婚礼,青睐洁白的婚纱和《婚礼进行曲》,但也有许多家庭甚至外国青年愿意用最原汁原味的中式婚礼定格自己人生中最幸福的瞬间。那高亢的唢呐,颠起的花轿,火红的盖头,被看做红火生活最传神的象征。

按传统礼法,男女成亲要"三媒六聘",也称"三书六礼"。"三书"指礼聘时的往来文书,即"聘书"——订婚时交换;"礼书"——过礼时交换;"迎书"——迎亲时由男方交给女方。"六礼"则指从求亲到迎娶的完整手续:纳礼,男方请人预备礼物向女方提亲。问名,男方在红帖上写下男子姓名、排行、生辰八字,由媒人送到女方家中。女家若有意结亲,需将女方名字等写上请人占算。纳吉,如双方八字没有相冲相克,则婚事初步议定。纳徵,又称过大礼,类似今天的订婚。请期,择吉日完婚。旧时所选吉日多为双月双日。迎亲,婚礼当天,男方携带迎亲书到女方家迎娶新娘。

迎亲

大婚之日,新郎亲率仪仗前往新娘家迎娶。迎亲时,首先进雁为礼,亦称"奠雁"。因为雁一生仅婚配一次,象征夫妻相濡以沫、携手白头。花轿抵达女方家门时,通常会吃"闭门羹",叫做"拦门"。新郎必须在外叩门,催请新娘上轿。"拦门"期满后,新郎才被获准进门,送上寓意喜庆的礼品。娶亲归途,一定要选择另一条路,以示"不走回头路"。

拜堂

娶亲花轿回到新郎家时,男方同样紧闭大门,意为"煞煞新娘性"。时辰一到,大门洞开,花轿进院要先迈火盆,还要撒些谷、豆、草等以示驱邪避难。花轿抬到大厅时,新郎先向轿门连作三揖,由送亲太太启开轿门,伴娘挽新娘下轿,由两人前后接铺红毡使新娘脚不沾地。此刻,新郎站于天地神案前,手持弓箭向新娘轻射三箭,再除邪魔,射箭姿势为射一箭退一步,然后新娘跨鞍走盆,行至供案前举行结婚大典,俗称"拜天地"。

拜过天地,新郎、新娘进入洞房,仍有一系列仪式。首先是坐帐,亦称坐福,新郎、新娘端坐洞房炕沿或床上,撒喜果于帐中,所撒物品一般为枣、栗子、花生等,寓意"早子"、"花着生",接下来是吃娘家准备的子孙饽饽和婆家准备的长寿面,之后是同饮"合卺"酒,也就是交杯酒:用一条红绳,两头各系一只酒杯,新郎、新娘各饮半杯,再交换杯子喝尽余酒。交杯酒礼在洞房举行,过后要在大厅另摆酒席,俗称"团圆饭",新郎、新娘坐上座,其他宾客坐陪座,表示从此成为一家人。

中式婚礼之所以令人回味无穷,与那些独特的"道具"不无关系。以下是最有代表性的几种——红伞。迎亲当天,新娘走出娘家门,站在露天处,由姊妹或伴娘在其头顶撑开一把红伞,意为"开枝散叶"。

花轿。花轿成为传统婚礼核心始于南宋,分为四人抬和八人抬两种。轿身红幔翠盖,上绣龙凤呈祥,四角挂穗。

凤冠霞帔。"全副武装"的新娘穿戴如下"行头":内着红袄,足蹬绣履,腰系流苏飘带,下配绣花彩裙,头戴用绒球、明珠、玉石丝坠装饰的"凤冠",肩披绣有各种吉祥图案的锦缎即"霞帔"。

盖头。旧时新娘出嫁时都用红布盖头,以遮羞辟邪,取吉祥之意。盖头须在入洞房时由新郎亲手揭开。

马鞍。"鞍""安"同音,取"平安"长久之意。多置于洞房门槛上,让新娘跨过,表示一世保平安。

火盆。置于门外的一盆火,同样让新娘跨过,寓意婚后日子红火。

天地桌。置于院中,上放大斗、尺子、剪子、镜子、算盘和秤,统称"六证",意为知晓家中存粮、布匹、衣物以及容貌如何、账目清否、东西轻重等情况。

秤杆。新人入洞房后,新郎用秤杆挑去新娘盖头取意"称心如意"。

花烛。婚礼专用的大红色成对蜡烛,燃于厅堂和洞房内。因其上面配有金银龙凤彩绘而得名"花烛"。

交往篇

交往篇——中国素为礼仪之邦,礼仪犹如细胞,渗透至整个社会的肌体,无论国家典制、平民交往还是个人的修身,处处发散着礼仪温暖而迷人的味道。

文化篇

58. 你会写求职信吗

职场里虽然有着合作的成功和共赢的快乐,但也无可避免地存在着猜忌、倾轧和无奈;因为工作不仅是生计的保证,有时候还是爱好的载体和身份的象征;所以,尽管许多劝诫达观看世态的名言警句被贴在办公桌前,但真正参透者寥寥无几,其实,职场中的不良情绪很多是因己而生,只要在求职、供职的各个环节上加以注意,端正大方向,完善小细节,就会达到"珍爱工作,远离烦恼"的境界。

在就业不再强调"从一而终"的今天,求职是起点,跳槽却并非终点,但不管怎样,写好一封情真意切、效果到位的求职信,无疑是职场礼仪的第一步。

写信几乎人人都会,以前是信笺,现在是电邮,不过求职信非同一般,它可能直接或间接决定着你的未来。

求职信是应聘者留给招聘单位的第一印象,所以抬头称呼特别重要,一定要大方得体,如果知道人力资源部门负责人姓名,可以直接写上"尊敬的李先生(或女士)",如不知道,写"尊敬的人力资源部门负责人"即可。

求职信的第一句应该是真诚的问候,比如"非常感谢您在百忙中阅读我的资料"或"非常感谢您在百忙中对我的人生选择予以指导"。

落款前一定要热忱问候收信人。祝颂语一般分两行书写,上一行空两格书写,下一行顶格书写。最常用的公文式祝颂语是"此致敬礼",虽然单调,但也算周到。

落款时务必署上自己姓名和日期,为表敬意,自己姓名前应加上"学生""晚辈""您未来的部下"等前缀谦辞。除此之外,写好求职信还有几个注意事项——

一是简洁。一封动辄千言的求职信很难吸引人力资源主管,他们的工作节奏不可能有那么富余的时间读你的无关痛痒的描述,所以,写求职信时,直奔正题很重要。电子邮件更要简而又简,尽量挤出水分,留下干货。

二是专业。务必通过求职信,给人力资源主管留下你是业内人士的深刻印象,所以,求职信中切忌出现匪夷所思的外行话语,内容强调的应该是你能为聘方作出的贡献而不是聘方能为你提供的条件。

三是原创。现在资讯发达,很多求职者迷信网上宝典类的模板,随便下载一些文字,然后改成个人经历。殊不知,人力资源主管阅人无数,各种版本的求职套话耳熟能详,如果不加入一点创意元素,你的信件很难从众多应聘者中脱颖而出。

四是严谨。一封错字连篇或者语病百出的求职信至少证明你不是一个态度认真、处事严谨的人,很可能因此而被一票否决,所以,对信中的每一个字甚至标点都要反复校对。如果你是广泛撒网的求职者,务必记住将以前信件做全面修改,避免张冠李戴。

59. 名企喜欢哪种简历

媒体上密密麻麻的招聘启事给了求职者更多的选择机会,每一则启事中都有这样一条注解:将电子版简历发至指定邮箱,然后由人力资源部门进行初选。名企的资深人力资源经理经过对千万条应聘简历的综合分析,得出以下5条金科玉律,求职者不可不读。

1.内容要真

不管你的能力、经历如何,简历的任何一部分都必须真实。否则一旦造假穿帮,不仅肯定失去这个单位的录用机会,甚至在这个行业都无法立足,因为每个领域的圈子都很有限,一个道德有瑕疵的人是不受任何单位欢迎的。

2.目标要明

申请大公司职位时,一定要在简历最醒目处明确表述自己希望的"目标城市"、"目标部门"以及"目标岗位",然后从专业、技能、经验、兴趣等方面分析你这些选择的理由。对职位没有明确目标的申请者肯定是第一轮被淘汰的对象。

3.简历要简

人力资源专员每天要阅读大量简历,一般在第一轮初筛时,看一份简历平均只有30—40秒,所以简历最多不要超过3页,否则很容易令人失去耐心。

4.介绍要"偏"

求职者恨不能将自己的"丰功伟绩"无一遗漏地写进简历,这是极不明智的做法。其实,你只需要描述与自己应聘职位相关的经验和经历即可。面面俱到的简历会让人觉得你的特点并不突出。

5.证书要"丢"

初递简历时千万不要附带证书,因为那样会分散人力资源专员的注意力。正确的做法是:在用人单位通知你参加笔试和面试时,再带上那些与申请职位相关的证书,以作为你胜任此任的凭证。

60. 你知道特色面试吗

千人一面的简历,如出一辙的回答,逼迫有些用人单位在招聘时,为了确保不以貌取人,选出真正人才,另辟蹊径,用各种偏题、怪题考查求职者的真实水平和应变能力。以下四种特色考题求职者不可不知,因为一句不经意的闲聊可能就是经理对你的测试。

1.不宣而考

一家公司招聘业务员,中午时分,经理留下10位入围者就餐。下午复试,午餐中表现活跃的三位应聘者胜出,而闷闷不语的另七位落

榜。经理解释,业务员需要良好的沟通能力,如果就餐时一言不发,或者因为领导坐在身边而无所适从,怎么可能拓展业务?

2. 看岗定调

一位大学毕业生参加公务员面试,主考官提了一个"请回答1+1=?"的问题。这位毕业生胸有成竹地答道:"您需要它等于几就等于几。"结果被淘汰。考官解释:这是一道类似脑筋急转弯的问题,在很多场合是被当做笑话说的,证明应聘者的机智,但这位毕业生忽略他所选岗位的职业特性。如是企业营销岗位,如此回答无可厚非,但公务员的基本素质是实事求是,这样回答无疑背离了公务员的岗位标准。

3. 话里有话

求职者需要特别注意的是,面试官和你的每一句对话都是职业使然,他们不可能浪费一分钟时间与你漫无目的地聊天。因此,你必须时刻提防其中的"陷阱"。比如他看似无心地问:"你是怎样来的?"实际上是在测试你对交通路线的熟悉程度或者是否具备操控机动车的能力。又如"你觉得本届欧冠的最佳射手哪个球进得最漂亮?"这其实是在考查你简历是否注有水分?因为你在"业余爱好"一栏中填了"踢足球",试想,一位足球发烧友怎么可能对精彩绝伦的欧冠没有自己的见解?

4.跑题之题

一家大型养老院招聘管理人员,笔试试卷有这样一道填空题:"我母亲的生日是(　)"。有人质疑:这不是严重跑题吗?母亲生日与求职何干?院长回答:养老院工作需要格外的爱心和孝心,如果连母亲的生日都不知晓,爱心、孝心何来?

61. 面试时,首先学会站与坐

"站有站相,坐有坐相"是一个人行为举止的最基本要求。求职者由于要"被评分", 面试时的姿态至关重要,如果松懈疲沓,也许连推介自己的机会都无法拿到。

面试中,正确站姿是站得端正和自然:上身挺直,头正目平,面含微笑,轻收下颌,两臂自然下垂,两腿相靠而立,脚尖呈"V"字型。坐姿则包括就座姿势和坐定姿势。入座时宜轻缓,女性要用手将裙子贴身收拢。坐下后,微欠上身,头部端正,目光平视面试官。这时,身体不要坐满坐椅,至多占据三分之二。同时两手掌心向下,叠放双腿之上,两腿自然弯曲,小腿与地面基本垂直,两脚平落地面,两膝间距,男性以松开一至两拳为宜,女性最好两膝、两脚并拢。面试全程,都不可仰头靠于椅背或低头注视地面;双手不能伴有抻衣角、揉纸团等多余动作;更不能跷起二郎腿不停抖动,否则会被认为缺乏教养,印象分将大打折扣。

62. 外企面试要多留几个心眼儿

改革开放30多年,外资企业虽然不再像当年那样风景诱人,但仍是求职者追捧的选择。接到外企面试通知,说明你已经朝着那扇大门迈出了第一步,接下来的面试关极其重要,它是决定你能否留下的关键一刻。

1. 提前踩点

迟到是极不礼貌之举,意味着缺少对面试的重视和对他人的尊重。大公司面试常常一批多人,迟到无异于自动放弃。所以最好提前10—15分钟到达,迅速熟悉周边环境。需要注意的是,提前到达并不等于提前进入面试地点。外企习惯守时,拒绝迟到,同样拒绝提前。如果你离面试地点较远,最保险的做法是像高考一样先行踩点,熟悉线路和参照物,了解路况以免误事。

2. 大方得体

进入面试间后,一切行动听指挥,用不着拘谨或过谦。

工作人员一般会问你想喝点什么?这时,你务必给以明确回答,否则会被认为缺少主见。如要面试官和你约定下次见面时间,千万避免两种答复:一是随时都行,这样容易给人留下无所事事的印象;二是脱口而出一个时间,这样会让人误解你做事从不深思熟虑。比较得体的做法是略加思索,然后提出一至两个可供选择的时间,以便互留余地。

3. 形体语言

回答问题时,目光要注视对方眼部,但不能目不转睛地盯住一个位置不放,如果面试时有多人在场,说话时一定要兼顾他人以示尊重。同时手势不宜过多,更不能打响指或频繁整理头发,尤其不可以捂嘴说话。

4. 两点提醒

面试时绝不能嚼口香糖或抽烟。

喝水时忌出声,水杯宜放在距离自己较远位置,以免碰洒而带来不必要的紧张。

63. 上班礼仪一二三

上班族是都市里一道匆匆的风景,也是践行职场礼仪的主体。他们生命中的大部分时间是在办公室度过的,每一天都面临着礼仪的测试,其中几项常见情况务必引起重视。

1. 随身携带记事本

上司有事召唤或者部门开会碰头,你都要养成随身携带记事本的习惯,这是一位优秀员工的基本素质。当上司交代事项时,应迅速记录下来并将其原话复述一遍加以确认,特别是日期、时间、客户姓名等关键元素必求准确无误。

2. 当面确认很重要

上司每天工作千头万绪,指派任务时可能率性而为,并未经过审慎思考,所以你记录下来后,不能只一味点头称是,而要当面确认完成期限以及有无特殊要求。

3. 约会变更要电话告知

一旦遇到不速之客导致变更约会,务必马上打电话通知对方,并询问如果顺延一段时间是否方便。如果你在公司外公干,需要变更约会时,更应第一时间电话告知,而不能待工作完成后再通知对方。

4. 事事有回音,件件有着落

上司交办的工作五花八门,有的几分钟便可搞定,有的则需要长时间付出心血。速成工作完成后应立即报告,而需要长时间完成的工作最好分阶段汇报进度,这是赢得上司信任的前提。

64. 职业装怎么穿

作为职场风景线的职业装,既是职场礼仪的传递,也是企业形象的展示,尤其是女性职业装,最能浓缩职场的魅力。

职业装的概念比较宽泛,除去单位统一定制的工作服外,自选的用于上班时穿着的服装均属这一范畴。

职业装应以冷色调为主,借以凸显端庄与稳重。女性职业装以套裙为主,色彩不宜超过两种,上衣不宜过长,下裙不宜过短。通常要求是上衣最短可齐腰,下裙最长可达小腿中部。上衣袖长以恰好盖住手腕为佳。

职场女性着职业装套裙时,上衣衣扣必须全部系上,衣领要完全翻好,下裙要穿得端正,上下对齐。应将衬衫下摆掖入衬裙裙腰与套裙裙腰之间。按惯例,袜子属于

内衣部分,所以不能露出袜边,更不能将健美裤、九分裤等裤装当做袜子穿。

职业装套裙以简洁为宜,绣花、金线、彩条、亮片等装饰像过度的珠宝首饰和浓妆一样都是不合适的。职业装的衬衫色彩最好与外套协调,多选白色或肉色,不要带任何图案。同时,与套裙配套的鞋应该是棕色或黑色的皮鞋。

65. 影响同事关系的八种言行

同事虽非亲人,但相处时间绝不少于亲人,如果关系处理不好,上班会是一件十分痛苦的事情,你的幸福指数自然大打折扣。同事关系的确有些微妙,而且大多数无法选择,完全是职业原因,"为了一个共同目标走到一起来",他们既有合作又有竞争,今天可能是同事,明天就可能是上司,但同事关系绝非水火不容,只要记住以诚相待、成人之美的大原则,牢记"己所不欲勿施于人"的古训,同事也能成为相亲相爱的一家人。

实际上,影响同事关系的极少是原则问题,大都是鸡毛蒜皮的小事,所以,注意一下这些"鸡毛",彼此都会感到轻松和快乐。

1.独行侠。出来进去不声不响,请假或中途出去,总是神秘兮兮,从不和同事知会一声。这样,如果领导召见,同事无法说明你不在的理由。

2.从不谈及私人问题。保护隐私无可厚非,但有些无须保密的个人问题,比如父母、配偶、子女的基本情况,属于彼此沟通的入门话题,工作之余互通有无是同事间信任和亲密的表现,用不着将自己像铁桶一样箍起来。

3.有事硬撑,不肯向同事求助。共享个人资源是同事之间关系融洽的标志,比如你的健康需要医生帮助,而同事的家人恰好就在那家医院,近水楼台地去寻求帮助岂不顺理成章?而当同事有事需要解决时,你的资源又正巧能派上用场,这种两全其美的互助是同事关系的牢固基石。

4.对吃吃喝喝说"不"。这里所说的吃吃喝喝是同事间礼尚往来的小零食,谁去逛街了买回点雪糕,或者谁获了什么奖项请大家吃点瓜子、巧克力,你不能冷面应对,给人以傲慢的感觉,其实,轮流请请客,花费不多,却能够很好地联络感情。

5.窥视欲。每个人都有自己的秘密。这是同事交往的禁区,绝不能想方设法探听同事不愿涉及的话题,否则会被别人看做是搬弄是非之人,对你避之不及。

6.嘴上不饶人。有些人总喜欢占便宜,得饶人处不饶人,没理也要搅三分,给人的感觉是争强好胜,咄咄逼人,不够厚道,岂不知吃亏是福,便宜是当,等到人人对你敬而远之时,就会追悔莫及。

7.计较惜力。办公室里的杂务就像家务活一样,天天都有,虽然很多单位配备专职物业人员,但还是有些杂务须要自己动手,比如换纯净水、打扫地面、分发报纸等,如果你在办公室里年纪最小,必须抢在前面做这些事情,年轻人出力长力,千万别因此留给人自私和缺少团队精神的不良印象。

8.适度待领导

尊重领导无可厚非,但不要在领导面前过于殷勤。特别是有些人工作敷衍,一见领导进门,马上换副面孔,倒茶、递烟,当众奉承以博领导欢心。此举虽未直接伤及同事,但会被其他同事反感、轻视。

66. 和领导成功相处的三大原则

领导也是同事,只是比较特殊的同事,职场中没有不希望和领导处好关系的下属,但很多上班族对此类关系缺乏信心,认为领导高高在上,伴君如伴虎,相近不如远离,其实每位领导同时也是别的领导的下属,只要你能注意以下三个细节,必能在与领导相处中获得信任。

一是要有敬业精神。无论你能力多强,如果缺少敬业精神,也很难进入领导"法眼",更谈不上与领导关系密切。但敬业也要讲技巧,必须苦干加巧干,敬业的同时注意效率和方法,让领导了解或感受到你付出的努力。

二是要服从领导。服从是职场人的天职,因为领导的意见代表着一级组织的观点,但服从不是盲从,当领导考虑欠妥时,勇于先将任务承担下来,再单独沟通,同时善于在关键节点恰到好处地向领导请示,征求意见,将领导思路融入工作之中,既体现对领导的尊重,也表现了对工作的严谨。

三是善于独立工作。在职场中,协同合作与单兵作战同样重要,特别是在工期紧、项目多的情况下,谁有独到见解,敢于独当一面,谁就有可能赢得领导的青睐。

67. 你会打电话吗

打电话？那是连孩子都会做的事情。

你错了！

职场中的电话有着一系列的礼仪,把握不好的话,轻则影响形象,重则损失惨重。

1.接电话礼仪

"铃声不过三"原则。电话铃声响起后,立即拿起会让对方觉得突然；但若在响铃超过三声以后接听,会被认为效率低下,势必给来电者留下公司管理不善不好的第一印象,同时也会让对方不耐烦,变得焦急。一般掌握在第二或第三声时接起最为合适。如果因为客观原因——如电话机不在身边,或一时走不开,不能及时接听,就应该在拿起话筒后先向对方表示自己的歉意并做出适当的解释,如"很抱歉,让你久等了"等。

自报家门原则。在办公室接听电话时,首先问候对方,紧接着便要自报家门。比如"您好,这里是××公司"或"你好,销售部办公室,我是××"。

一回生二回熟原则。办公室人员应练成过硬的听辨能力。如果对方是老客户,接起电话时要第一时间用对方的姓氏和头衔打招呼,比如"您好,李总",这样会给对方留下特别受重视的感觉。

后挂电话原则。当对方说"再见"时,一定在他之后再挂电话,绝对不能在对方刚讲完话时就将电话挂掉。

2.打电话礼仪

确定合适时间。最好不要在周一刚上班时打电话,因为此时大部分部门在开例会,需要处理很多公务。下班前几分钟打电话也不合适,因为容易影响对方下班后的安排。

通话尽量简短。在业务通话中,"最长三分钟"是业内惯例,如果预计涉及问题较多,所需时间较长,应首先询问对方是否方便长谈。如果不方便,可提纲挈领地做一说明,另行约定通话时间。

学会留言。如果你要找的人恰巧不在,可以直接结束通话或请接听人转告。留言时要说清自己姓名、单位名称、电话号码以及转告内容等。对方记录后,要问一句:"请问您怎么称呼?"以备查对。

68. 接送名片有讲究

名片是社交的重要道具。在职场交往中,名片的递送和接受都有着不同的礼仪要求。

递送。交换名片的常规顺序是先客后主、先低后高。也就是说,当与多人交换名片时,应依照职位高低由近及远依次进行,原则是晚辈、下属、男士首先向长辈、上司、女士递送,递送时要将名片正面面向对方,双手奉上,同时面带微笑地表示:"这是我的名片,请多多关照。"名片递送应在相互介绍之后,在未弄清对方身份时不要急于递送。而在某些国际场合,递送名片不可随意为之,比如向日本友人递送名片,一定要用双手大拇指和食指握住名片,正面面向接受名片者,同时要微微鞠躬以示敬意;比如在中东和部分东南亚国家,递送名片时务必使用右手,即使你是左撇子也要临时扳过来,因为在其风俗中,左手乃清洁身体专用之手,

也被认为是"不洁"之手。

接受。接受名片时要起身并说"谢谢",然后必须认真看一遍名片上的内容,也不妨将对方的姓名、职衔轻读出来,使对方产生一种成就感。如果有需要额外加注的内容,也尽量不在他人的名片上标注记号而应另外记在便笺上。对方的名片不可随意放在桌上或丢进包里,而应放在西服左胸内衣袋或名片夹里以示尊重。

名片就像身份证,是一张最能准确介绍自己的卡片,所以上面的职务等信息一定清晰无误,绝不能为了追赶时髦而不考虑交往对象的理解能力,在标注头衔时一味使用英文缩写,如CEO(首席执行官)、CFO(首席财务官)和COO(首席运营官),不然,说不定对方在接过你的名片时,还以为你是一位飞碟爱好者(UFO)呢?

69. 如何面对办公室冲突

每天机械地在一间办公室里重复工作,谁都难免会产生负面情绪,这是每一个上班族都无法绕开的问题,而有人聚集的地方,就会出现矛盾,百人百性,有时候,同事也许对你真的没有什么芥蒂,但因为别的事情迁怒于你,结果,他那边焦躁,你这边委屈,于是,冲突变得不可避免。

有时候,职场冲突来得莫名其妙。也许因为你的搭档进度拖沓;也许因为一个见解水火不容;甚至为了争用会议室而和别人僵持不下。冲突瞬间爆发,消弭隔阂可要费时费力。有人闹过即忘,有人记恨终生。职场冲突并不可怕,可怕的是你缺少化解的办法。

大多数职场人士信奉"老好人"主义,视在办公室内发生争吵为高压线,将所有不良情绪压抑在心,其实,这种观点并不完全正确。尽管办公室本应是理智之地,但一味憋闷自己,很容易激发更大的反感。心理学专家认为,争执虽然冒险,但如果彼此能充分掌握表达愤怒的尺度,冲突其实是一个另类有效的沟通机会,所谓"不打不成交",有时候,甚至和上司吵一架都会取得意想不到的效果,"打"出来的交情可能更加稳固。

必须注意的是,办公室冲突时一定遵循"争吵法则":一是就事论事,不扩大范围,不借题发挥,不追根溯源;二是绝

对不能率先发生肢体冲突,除非出于自卫;三是不能揭别人短处;四是不要随便透露你对某些热点问题的看法,以免成为众矢之的。

70. 冲突后怎么言归于好

办公室冲突后,会带来短暂的尴尬,毕竟同事之间抬头不见低头见,总不能天天视对方如空气吧,所以,不论你是否情愿,必须尽快做好吵架的善后工作,以最快速度与同事言归于好。

首先要做的是弄清吵架缘由。也许其中原因特别可笑,那样自然很容易缓和,但如果你们在关键问题上意见不一,不妨先搁置争议,因为对一个问题的看法,见仁见智,很难科学界定谁对谁错,甚至根本就没有对错。

接着是想方设法迈出第一步。千万不要为了所谓的自尊矜持闭守,等同事给你铺设缓和的台阶,其实,谁先迈出和解的第一步并不重要,重要的是僵持日久,你们会同时失去友谊。而如果言归于好,你们将都是胜利者。

不要急于求成。冲突后的两人内心里毕竟结个疙瘩,假装并不存在很不现实,特别是当双方都坚信自己正确时,很难听进对方的解释。所以尝试缓和时,不妨先开诚布公地向对方提出"告诉我你是如何想的好吗?"而且当对方表白时,绝对不要打断或与其争辩,唯有如此,才能让他感到你解决问题的诚意。

71. 为什么下班前五分钟很重要

潜意识中,下班是每个上班族最为期待的时刻。但请记住"行百里者半于九十"的古训,有些突如其来的通知或是上司召见,往往出现在下班前五分钟,如果此刻你已离开公司,很有可能"九功不抵一过",让你平时的敬业勤勉形象一下子荡然无存……

虽然每到距离下班倒计时一小时的时刻,你已归心似箭,暗地里勾画今晚的约会或者连续剧的播出,但也一定坚持、淡定,将一天的工作做个必要的小结。

整理备忘录。

备忘录上有一天的工作日志,包括新见人士,新获名片等,内容繁杂,整理顺畅后,不但会对当天工作有一总体把握,也便于日后查寻。

检查工作表。

好记性不如烂笔头。每天工作头绪繁多,必须进行条理性地梳理,按照顺序开列,已完成的工作项目挑勾标注,做到底数清楚。至于未完成的工作,可以列入次日的工作表单中。

整理办公桌。

下班前的五分钟也许风平浪静,那么也别将它荒废,不妨将办公桌整理一下,材料存档,文具归位,特别是女性文职人员,更须特别注意。

72. 白领如何修炼好人缘

职场中的人际关系不外四种:与上司关系,与下属关系,与同事关系,与工作相关的外界关系。人熟是一宝,好人缘更是一宝,它们会给工作带来很多激情、灵感和快乐。那么,到底怎样修炼才能获得好人缘呢?

修炼必须从我做起。练好内功是一切的根本。

善于发现别人的优点,善于宽容别人的个性,是重中之重。无论与谁相处,愿意换位思考,保持适当距离是基本原

则。

高水准完成任务是与上司处好关系的前提,而诚心诚意地换位思考是赢得下属尊重的前提。选择合适的批评下属方式和采取有效的与上司沟通方式同样重要,好人缘是出色工作的基础,但好人缘绝不是丧失原则,一味迁就和讨好,而是有技巧地表达和沟通。

与同事和谐相处的窍门在于相互体谅。这种修炼"功夫在诗外",也就是说平时的感情联络至关重要,否则等到临时抱佛脚,效果自然不尽人意。

与外界交往的尺度在于双赢而非独享。与客户关系、与供应商关系、与广告公司和媒体关系,这些关系都是工作的有机组成。虽然其中功利性占据主要地位,但仍可在真诚相处中成为知交,这种关系尺度很重要,只要你与对方利益同在,就能保持长期的良好关系。

73. 辞职也要讲礼仪

跳槽司空见惯,但不能不讲礼仪,因为世界很大,圈子很小,同在抬头不见低头见的职场谋事,成熟的职场人应在辞职前多考虑离开后对原公司可能造成的冲击,以最大限度降低自己的辞职成本。

当你决定辞职时,最好的做法是直接向主管提交辞呈,如实说明原因,并与主管讨论何时让同事知道和如何交接工作。如果信口编造一个借口,万一"穿帮"后,会影响你的未来信誉。

有句话叫做"散买卖不散交情",虽然你已另有高就,但离职前的这几件事必须做好。

站好最后一班岗。

在辞职报告尚未批准的时段内,你依然是原单位职工,不能放松要求,这不是觉悟问题,而是职业素养问题,如果懈怠懒散,可能会带来没必要的不良后果。

同时,要将情绪控制在平和状态,不喜不悲。即使你恨不能马上一走了之,一吐为快,也必须将那些牢骚话埋在肚子里,告别前的态度是一个职场人胸怀和境界的标志,也许此刻,你的新东家正通过各种渠道观察你的反应呢。

赶紧清理私人物品。

你要尽快交接手中正在使用的公物,不能带走公司的任何资料和物品。更不能在任何场合谈及原公司的竞争策略和业务机密以及负面信息,以免落得落井下石的评价。

做回老师。

对你的继任者,完全可以大度地将你的部分资源留下来,甚至关键客户,你可以亲自打电话拜托一下,这种慷慨会给你在业界留下不错的名声。

74. 你了解新闻发布会基本礼仪吗

新闻发布会不是某机构开的堂会,也不是各媒体的记者联席会,而是政府或企业的品牌推广会和情况说明会,最重要的礼仪就是言之有物,真诚以待,所以专业而充分的准备是发布会成功的必要前提。

新闻界最讲究新闻眼,只要能够抓住"活鱼"(即鲜活的新闻素材),他们愿意不辞辛苦地参会,因此,发布会上一定要披露一些有价值的"干货",而不能仅仅是不痛不痒的外交辞令,如果一封电子邮件就能够完全说明情况,何必麻烦记者们专程跑来?

值得召开新闻发布会的事件包括:公司及产品(或服务)成为公众关注热点事件、具有里程碑意义的新产品上市、聘用知名明星作形象代言、公司重大人事调整等。而像这种分量的新闻发布会,几个关键要素必须提前备好:

一篇附带事件经过、背景材料、专家答疑和应对措施的新闻通稿(含电子版稿件),如果有相关声像资料,也可一并附上。

必要的"彩排"。公司召集善于提问员工组成模拟记者席,让他们提问两类问题——一类是肯定会被记者问到的问题,另一类是不希望被记者问到的问题。

让专业技术人员参与彩排,以检查发言人所说是否存在漏洞以免授人以柄。

新闻发言人的人选也有是否尊重媒体的问题,他们除去应该具有知识面广、表达力强、反应迅速、外表亲和等条件外,还应该在公司身居要职,否则会被媒体认为发言人无权代表公司发表见解,只是敷衍性的例行公事。

还要牢记的一点是,永远不要用电话邀请,而必须寄、送印有公司标志的请柬,寄、送时间以发布会前一周为宜,务必记住临近会期时一定打电话进行确认。

75. 抱怨需要大智慧

谁人背后不说人,谁人背后无人说?这句话被奉为职场金言,印证着职场的复杂。快节奏的工作,巨大的压力,长此以往会使从业者的心态发生微妙的变化,上司的失准、分配的不公等都会引起你内心的不满,每当这个时候,抱怨就有可能脱口而出。

抱怨与品德无关,只是一种情绪的流露或者宣泄,但抱怨的确需要技巧,火候掌握得精准,会被认为"忧国忧民";有些情绪化,一旦掌握不好,就容易被贴上怨妇的标签。那么,怎样抱怨才能既发泄了不满又不至于太伤人呢?

最关键的是不要祥林嫂式的抱怨。内心的苦闷只向有能力、有渠道、有办法解决问题的人抱怨,因为向毫无裁定权的人抱怨,只能为他人增添谈资,换来的也许只是厌烦而非同情。

其次就是控制情绪。如果你怒火中烧地找到上司表示你对他的不满,很可能火上浇油,因为他也有他的上司,他也许也正为某个安排内心纠结,所以即使你满心委屈,也要克制再克制,否则过于情绪化的宣泄将无法清晰表达你的本意。

再次是选准抱怨的场合。无论怎样,抱怨毕竟属于负面情绪,所以最好选择非正式场合说出你的抱怨,避免在正式场合公开表示不满。这样不仅给自己留有余地,也有助于维护上司的尊严。

其实,抱怨并不能解决任何问题。抱怨来自政策的失误或者执行的不当,那么,你抱怨这个问题,一定对问题产生根源有着自己的见解,因此,当你对上司或同事抱怨后,是不是能够提出有效的建设性意见呢?抱怨是为了寻求改变,连接着对策的抱怨能够大大弱化给同事带来的不快,领导反而会觉得你的抱怨无非是为了让这个团队更加出色,目的是帮助解决问题而非对他人存有敌意。

76. 短信是最好的提醒

现代通讯如此发达,座机、手机使每一个人都时刻生活在电波信号的定位之下,那么,为什么短信仍然有着它的旺盛生命力呢?

答案很简单,虽然电话有着远隔重洋仍有如在眼前的神效,但短信独特的情感缓冲作用却是任何一种通讯方式无法比拟的,特别是略显唐突的请求,婉转的拒绝或者各类的提醒,如果要电话表达,可能难以启齿,但短信则不然,用文字做隔离带,留下了充裕的回旋余地。

职场中的很多重要电话都可以先短信问路。比如给重要人物打电话,对方日理万机,不是开会就是谈判,也许无法接听,那么发一条短信最为恰当,可以这样试探"有事向您汇报,不知何时给您打电话方便?"如果对方没有回复,说明当时确实不方便联络,那么即使过一段时间再将电话直接打过去,对方已有心理准备,不致显得过于唐突。

还有一种情况便是提醒对方时最好使用短信。比如事先已与对方约好参加会议或活动,无论是否担心对方忘记,都要临近用短信予以提醒。这样的好处是既显得周到也不会使对方有不被信任之感。因为短信不属于正式通知,所以会亲切许多。当然,短信措辞不能将通知内容重复一遍,而是委婉地表示"明天的活动辛苦您了,我会在会场正门准时迎候您"。

需要特别指出的是,尽管短信不像电话那样会影响他人休息,但除非遇有紧急通知,一般不要超过晚上10点钟再给他人发送短信。

77. 导购员，不能等客户烦了才醒悟

导购员、推销员早已成为商场的一个组成部分，他们在产品和顾客之间穿针引线，介绍性能，参谋设计，不管他们是属于商场还是厂家，都履行着产品导游的职责——在楼盘接待处，递上一杯热茶、带你去样板间的是他们；在4S店，耐心讲解各种配置、带你出去试驾的是他们，对导购员、推销员，消费者的感情很是复杂，既不能离开，又不愿靠近，原因就在于个别导购员、推销员不恰当的言行令消费者望而却步。

那么，需要怎样的行为才能成为一名知礼、得体的导购员、推销员呢？

眼疾手快问候在先。接待顾客时，务必面带微笑首先问好表示欢迎，将顾客引至座位处，奉上一杯茶水。

毕恭毕敬行礼有节。顾客是上帝，所以导购员、推销员接待顾客时必须以礼相待，向对方欠身施礼或点头致意，但不能主动和初次见面的顾客握手。

递上名片自我介绍。递送名片时要将名片正面面向顾

客,双手奉上。按照惯例,导购员、推销员不要随便索要顾客名片。

　　介绍产品适可而止。这是最为关键的一点。个别导购员、推销员之所以令人反感,就是犯了喋喋不休的大忌,或给顾客以心理压力,好像如果不做决策,就不是一个有品位、有实力之人;或剥夺顾客思考权利,滔滔不绝的讲解挤占了顾客的思考时间和想象空间;或越俎代庖,摆错位置替顾客做主;或上演苦情戏,让顾客以施舍者的身份帮助自己完成此单任务……这些做法都是不受欢迎的,也是缺乏礼仪的表现。记住,一位成功的导购员、推销员一定是一位精通顾客心理学的行家里手,会给顾客留下足够的时间和空间,欲擒故纵,不争是争。

78.探望病人最应该注意什么

职场中人,少不了人情往来,当同事或者同事的近亲患病住院时,探望慰问是最起码的礼仪。

探望病人重在时机,一定避开病人休息和医疗时段,不宜在早晨、中午、深夜以及病人吃饭、休息时探视。如果探望住院病人,必须遵照医院探视规定;如果时间实在不巧,以不打扰病人休息为原则,可请家属代为转告祝福。

探望病人总要嘘寒问暖,但说什么、怎么说至关重要。病人在治疗期间,由于特殊的身体状况,内心极其敏感。病人讲述病情时,要认真倾听,然后多说一些宽慰之语,不要随意介绍偏方、秘方,如果病人病情需要保密,更不能和病人一起猜测,以免对病人产生不利暗示。无论谈话内容多少,都要严格控制时间,以让病人充分休息。按照通行的探望礼仪,探望病人时要带一些鲜花、水果或营养品之类的慰问品。

79. 慰问礼仪知多少

与探望病人不尽相同的是,职场中从事人力资源工作的人员还会经常遇到这样一项工作——慰问家庭困难或突遭不幸的员工,这种场合更应格外注重礼仪。

选择慰问品以实用、实惠为原则,被慰问者当然需要同情与鼓励,但他们最需要也是最能够帮助他们渡过难关的是资金和物品,所以,鲜花、书籍等只能作为辅助品,其他的应多选择食品、衣物、现金等以帮助他们解除实际困难。

慰问礼仪主要取决于慰问者的态度,是否发自内心地表现出同情并且在同情中鼓励对方尽快战胜困难,宽慰对方时,一定把握好情感尺度,不说犯忌之语,不揭过往短处,不能旧难未解又添新愁,不能居高临下地带出施舍之意,不要假设现在或过去的生活状况,更不能八卦对方所面对的一切。

80. 你应该了解的剪彩礼仪

剪彩仪式是每个机构都会遇到的,或者是仪式的当事方,或者是仪式的见证方。那个锣鼓喧天的场面中,蕴藏着不少需要一一记住的礼仪细节。

剪彩仪式的总原则是庄重大方,无须铺张,毫无必要一味求新、求奇。剪彩仪式的大致流程包括以下几个环节——

剪彩前期筹备。包括场地布置、环境卫生、灯光音响、媒体邀请、礼仪服务等内容。

剪彩仪式所需用具必须提前准备就绪,它们可是仪式的另外一个主角。这些用具有红色缎带、新剪刀、白色薄纱手套、托盘以及红色地毯。

红色缎带也就是剪彩仪式中的"彩"。一般由一匹簇新的红色绸缎充当,中间扎起数朵花团。有些单位为节俭起见,以两米左右细红缎带或红布条、红线绳、红纸条等替代。红色缎带上所结花团数目大多较剪彩者人数多出一个,这样便可使每位剪彩者都处于两朵花团之间。

新剪刀专供剪彩者在仪式上使用。必须每位剪彩者人手一把,要求锋利而顺手。仪式结束后,主办方可将剪刀重新包装后送给对方留念。

托盘由礼仪小姐托举,用于盛放红色缎带、剪刀和白色薄纱手套。托盘通常首选银色不锈钢制品,可在上面铺以红色绒布或绸布。剪彩时可用一只托盘依次向每位剪彩者提供剪刀与手套,也可为每位剪彩者配置一只专门托盘。

红色地毯主要铺设在剪彩处,长度视剪彩人数而定,宽度不应少于一米。

按照惯例,剪彩者可以是一人或多人,但一般不应超过五人。若剪彩者仅为一人,剪彩时可居中而立。若剪彩者不止一人,一般规矩是中间高于两侧,右侧高于左侧,距离中间站立者愈远位次愈低。"右侧高于左侧"是参照国际惯例,如无外宾参加时,依照中国"左侧高于右侧"的传统习惯也无不妥。剪彩仪式不宜过长。短则15分钟,长则至多不超一小时。

剪彩者登台时,引导者应在其左前方带路使其各就各位。当剪彩者均已到达既定位置后,托盘者应前行一步立于前者右后侧为其递上剪刀、手套。剪彩前,剪彩者应向拉彩者、捧花者示意,待其准备后再将红色缎带一刀剪断。如果多名剪彩者同时剪彩,其他剪彩者应注意主剪者动作,力求与其动作一致。剪彩后,红色花团应准确落入托盘中,绝不能坠落地面。剪彩后,剪彩者可用右手举起剪刀向全体到场者致意,然后将剪刀、手套放于托盘之内举手鼓掌。

81. 良好的沟通是成功的一半

有一种说法,职场中的误会大部分是因为缺乏沟通造成的,双方比练内功,隐忍不语,积怨自然产生,所以,解铃还需系铃人,化解这一切的隔阂,当务之急是你们都要说出来,原来没什么大不了的。

真诚沟通是表白心迹的最好手段。坦率说出来你内心的感受、想法和期望,不责备、不攻击、不说教,充分显示你的教养,给予对方以足够的尊重,绝不能恶语伤人。

所谓涵养,其实就是懂得克制,有时候不说什么比说什么还要重要,所以,正处于情绪不稳定时千万不要沟通,更不能做出决定,否则覆水难收,可能很难挽回。

礼仪的精髓在于礼让。职场矛盾大多来自针锋相对,互不退让,殊不知服软未必是真软,承认"我错了"是最有效的解冻剂,甚至能够打开多年打不开的死结。只有"抱歉"才能围出转圜之地,记住,拒不认错其实是彻底的大错特错。

82. 如何安排会见和会谈

一般的涉外活动,都是在来访者抵达当日或次日安排相应领导人或部门负责人会见。礼节性拜会,通常由身份低者拜会身份高者,由来访者拜会东道主;如是正式或专业访问,则应考虑安排相应会谈。

按照中国外事惯例,会见和会谈有着明显区别。会见在会见厅内举行,宾主在沙发上就座,此类会见偏重礼节性。而会谈则在会谈厅内举行,双方出席人员身份对等,分列会谈桌两侧就座,所谈内容也都是实质性问题。

会见和会谈的基本礼仪是:提出会见要求的一方应将要求会见人的姓名、职务及会见何人、会见目的告知对方,接见方应尽快答复并约定会见时间;如果因故不能接见,应给出必要而婉转的解释。

客人到达时,主人应在正门、客厅门口或客厅内迎候。如果主人不需要至正门迎接,至少应安排其他陪同人员在正门迎候并将客人引至客厅。

会见厅内沙发宜摆成半圆形,主人和主宾座位居中,主左客右。客方人员按礼宾顺序在主宾右侧就座。主方人员则在主人左侧就座。译员和记录员分坐于主人和主宾后侧(如有外方译员参加,坐主宾后侧)。

会谈时,双方人员面对而坐,中间隔有条桌或花池。主方背门,客方面门。主谈人居中,陪同人员按礼宾顺序分坐于各自主谈人两侧,右高左低。为便于交谈,主方一般安排译员坐在本方主谈人右侧,外方译员在其主谈人左侧,这样,两位译员恰好也是面对而坐,便于交流。如果会谈桌一端朝向正门,则以入门方向为准,右为客方,左为主方。三方以上的多边会谈,则采用三边、多边或圆形桌面,座位按各方名称字母顺序排列。

会见和会谈场所要安排足够座位以及麦克风和中外文双面座位卡、纸、铅笔等必备文具。如果需要合影,务必提前布置场地,设计站立位置。合影时,主人和主宾居中,其他主客人员间隔排列,需要注意的是,每排的两端均应由主方人员占据。

领导人之间的会见和会谈,除陪见人和译员、记录员外,其他人员在双方落座后均应退出并且中途不得随意进出。如果会谈向媒体开放,一般也只是采访前几分钟,待进入实质性会谈时,媒体人员也应退出。

会见和会谈时仅以饮料招待即可,一般只备茶水和矿泉水,夏季可加些冷饮。如果会谈时间较长,可视情况适当配以咖啡或红茶。

83. 与外国人打交道有哪些禁忌

一方水土养一方人,一方人传一方民俗。外事无小事,所以与外国友人打交道,民族习俗是必须特别注意的,任何一点疏忽都有可能带来无法挽回的影响。各国习俗千差万别,一些规矩相当于禁忌,是无论如何不能触碰的底线。虽然,在外事活动前,会有专门的外事部门负责培训礼仪和注意事项,但一些常规、常见的基本涉外禁忌还是多知为妙。

1. 交往禁忌

与英国人打交道应注意不要系条纹领带,不要以王室家事作为谈笑话题;欧美人忌谈私人话题,诸如收入、住址、婚姻、年龄之类,否则会被认为冒犯其尊严,欧美老人还不喜欢别人搀扶,他们认为这样有失体面;德国人较重形式,如对方拥有各类头衔,打招呼时可以此称呼,朋友见面或分别时可较长时间握手,显得亲近;在拉美国家,不能随便赠送刀剑类礼品,因为他们认为赠送刀剑意味割断关系;新加坡人忌讳被人祝愿"恭喜发财",因为在其心目中,"发财"是"不义之财"的代名词。

2. 图案禁忌

意大利人忌用菊花做商标,美国人不喜欢蝙蝠图案,日本人反感饰有狐狸和獾图案的物品,法国人将仙鹤当作愚人和荡妇的代称等。

3. 颜色禁忌

不同国家和民族,由于历史及宗教因素,各有不同的颜色爱好和禁忌,有些好恶截然相反。比如日本人忌绿色,认为绿色不祥,但绿色在爱尔兰、意大利、奥地利、马来西亚、新加坡等国广受欢迎;泰国忌红色,巴西人、叙利亚人、巴基斯坦人忌棕黄或黄色;摩洛哥人忌白色,一般不穿白衣;欧美许多国家平时忌黑色;比利时人最忌蓝色,等等。被禁忌的颜色一般与死亡、灾难和贫困等象征连在一起,被视为不吉、不祥、不顺的符号。

4.数字禁忌

西方人普遍禁忌"13"这个数字,无论是楼层或是餐台,一般都将这个数字跳过去;在日本,忌讳"4"和"9"字,日本医院大多不设4号病房和病床。这些禁忌的起源,有的来自神话传说,有的来自与其发音对应的谐音含义,有的出于讨口彩的需要。

5.花卉禁忌

民族习惯的差异导致了花卉的含义有如天壤之别。外事活动中,主方往往赠花示礼,但务必记住基本礼仪和禁忌,以免"花"不达意,南辕北辙。

欧洲国家赠送恋人、情人、配偶的多为红色鲜花,成束白花一般用于婚仪赠礼。送给中老年人的常选用大朵花,送给年轻人或孩子的宜为多彩小花。欧洲人赠花时,只送单数,认为单数吉利。

在巴西,绛紫色花主要用于葬礼;黄花在法国被视为不忠诚的化身;菊花在意大利只能用于墓地;而日本人认为荷花不吉利,主要用于祭奠,等等。

虽然风俗不一,但国际场合的惯例是忌用菊花、杜鹃花、黄花等献给客人,如果一时把握不准,可以咨询外事机构,切勿想当然做出选择。

6.宗教禁忌

宗教在许多国家已渗透到社会礼仪的方方面面。欧美国家多受基督教影响,中东地区国家多受伊斯兰教影响,东南亚地区国家多受佛教影响,和上述国家和地区人士交往,千万注意各自的宗教禁忌,绝对不得踏入禁区。

84. 如何称呼外宾最得体

称呼是人际交往的第一道门,称谓是否得当,直接影响着谈判效果和交际基础。因为看似简单的一声称呼反映了对方身份、地位等综合状况以及对对方的态度和亲疏程度,所以,称呼

对方时必须遵循礼貌原则,这也是人际互重的基本原则。人人希望被尊重,合乎礼节的称呼恰是对他人表达尊重的最好也是最简单的方式。

在外事场合,对成年男士一般称"先生",对已婚女子或有地位女士多称"夫人",对未婚或婚否不明女士称"小姐",对部长以上男女官员可酌情称呼"阁下"。

对知识界人士应称职衔,或同时冠以姓氏并加"先生",如"××律师先生"、"××博士先生"。对神职人员可称职衔,也可同时冠以"先生",如"牧师先生"。对男女服务员可分别称"先生"和"小姐"。须要特别提醒的是,外国人一般不用行政职务如"某某局长"、"某某校长"、"某某经理"等称呼别人。

称呼外宾时一定准确记住对方姓名,中国人姓名特点是姓前名后,外国人则各有不同,主要分为四种类型:一是姓前名后,如日本、朝鲜、韩国、越南等国均为此类,不过日本人的姓氏多为双字,如田中、山口等,与日本人交往一般可只称姓,为表示对男士尊敬,可在姓后加"君",如福田君。二是名前姓后,欧美人(除匈牙利外)和加拿大、澳大利亚、新西兰等英语国家、阿拉伯人及泰国人均为此类。英美人士姓名,第一节是本人之名(教名),最后一节为姓氏,中间一节是母姓或与家庭关系密切者的名字,也有的是好友或名人之名。比如约翰·斯图尔特·史密斯,即为姓史密斯,名约翰。俄罗斯人姓名一般由三节组成,排序为本人名、父名、家族姓。如弗拉基米尔·伊里奇·乌里扬诺夫(列宁),第一节是本人名,第二节是父名,第三节是姓。西班牙人姓名由三或四节组成,第一、二节是本人名,倒数第二节为父姓,最后一节为母姓,简称时,多用第一节本人名和倒数第二节父姓。缅甸人则有名无姓。三是西方女性未婚前使用父姓,婚后改为夫姓,如玛丽·琼斯嫁给约翰·史密斯后,她便被称为玛丽·史密斯太太。四是英美人常有父子、祖孙同名,为加以区分,常在称呼晚辈时冠以"小"字。

85. 中外手势含义一样吗

形容一个人的形体动作,有一个词语叫做"手舞足蹈"。虽然与人交谈时,手势过多难免有轻浮之感,但必要的手势对于强调语气和协调身体很有帮助,但是切记在不同国家和地区,同样的手势可能有着截然不同的含义。比如表示数字时,中国人伸出食指表示"1",欧美人则伸出大拇指表示"1";欧美人伸出大拇指和食指表示"2",而中国人伸出食指和中指表示"2", 伸出大拇指和食指则表示"8",也就是说,中国人用一只手的五个指头可以表示1—10的含义,而欧美人表示6—10时则要用上两只手,比如一只手的五指与另一只手的拇指合在一起表示"6",并以此类推表示7—10。

将同一只手的食指和大拇指合成圆圈,另三根手指直立,这是美国人典型的"OK"含义,表示"赞扬和同意",但这个同样的手势,在印度表示"正确",在泰国表示"没问题",在日本、缅甸、韩国表示"金钱",在法国表示"微不足道",在巴西、希腊却表示污秽之意,而在马耳他则是恶毒的脏话。

中国人称赞别人时,常竖起大拇指,翘起小拇指则表示蔑视;而在日本,大拇指代表"老爷子",小拇指代表"情人";到了英国,跷起大拇指却意为要求搭车。还有在英美等国最为著名的象征"胜利"的"V"字手势,在亚非国家却仅代表"2"这个数字。

欧洲人相遇致意时习惯用手打招呼。标准姿势是伸出手臂,手心向外,手指上下摆动,而美国人则是整只手摆动;但是如果在希腊,摆动整只手是对他人的污辱,会带来非常激烈的反应。

86. 如何与外宾喝咖啡

咖啡早已融入西方人的生活,与他们打交道时,共品咖啡是最常见的交际手段,所以关乎咖啡的礼仪不可不知。

按照国外普遍观点,认为自制咖啡颇显档次,而速溶咖啡属于快餐饮品,难登大雅之堂。

咖啡加牛奶和糖即为"牛奶咖啡",不加的称"清咖啡"。咖啡添加糖(方糖)置于专用器皿里,用糖夹或咖啡匙取用,不能直接用手去拿。咖啡匙是为搅拌咖啡而备,饮用时应将其从杯中取出。方糖入杯后,不能用咖啡匙用力粉碎,而要等其自行溶化,其间可用咖啡匙轻轻搅动。喝咖啡时,不能一勺勺喝,如果感觉咖啡太热,要待其自然冷却再喝,绝对不允许用嘴去吹。如座位离桌子稍远,可以左手将咖啡碟端至齐胸处,右手从碟中端起咖啡杯饮用,但喝完后应立即将

咖啡杯放在碟中,不能使杯、碟分离。

咖啡杯与碟均为专用,通常放在饮者正面或右面,杯耳指向右方。喝咖啡时,可用右手拿住杯耳,左手轻托咖啡碟,移向嘴边轻饮,不要满把握杯,大口豪饮,更不能伏身去喝或喷喷做声。喝咖啡同时佐以点心时,不能一手端杯,另手举着点心,吃一口、喝一口。规范的程式是:喝咖啡时先放下点心,吃点心时也要暂放下咖啡。续添咖啡时,不要把咖啡杯从咖啡碟中端出。

87. 与国际友人交往要遵循哪些国际惯例

与文化背景、风俗习惯、社会制度均有差别的外国人交往时,最简单、最保险的做法是按国际社会中约定俗成的交际惯例办。

一是守信。"言必信,行必果"是做人的基本准则。与外国人打交道,更应特别注意。小到约会时间,大到正式谈判,都要诚信守约。

二是持重。中外交往的主要差别在于对个人空间的看法上。中国人讲究朋友之间不分你我,而外国人却主张私密空间和个人尊严。对他人过分关心反会令对方反感,特别是对其年龄、收入、家庭、健康、住址等个人元素的好奇常会带来不快。此外,过分谦虚也是不妥的做法,是缺少自信和涉嫌虚伪的表现。

三是风度。西方国家尤其讲究女士优先,要求成年男性在社交场合时时处处表现出对女性的尊重与呵护,因为那样是有教养的象征。

涉外礼仪细节繁多,难免挂一漏万,如果遇到不知所措的场面,务必先冷静下来,一慢二看三通过,观察他人做法,然后照方抓药即可。

88. 签字仪式安排技巧

签字仪式是涉外活动的高潮,虽然时间不长,却代表了谈判和接待的成果,可以这样说,一次外事活动的最佳结局是由签字仪式来画句号的。

签字仪式举行前,必须反复核实、校对文本中的每一个词句、数字、时限和标点,甚至连印刷、装订、盖章等各环节都要确保准确无

误。其次,要一一备好文件夹、签字笔、席位卡、鲜花、话筒、会标、摄像、香槟酒等物品,确定礼仪小姐和助签人员。双方签字人员的级别与职务应以对等为原则,常规做法是参与会谈的全体人员均应出席。除主签人员外,很多仪式还要邀请更高级别领导人出席以示重视。签字桌面对正门,主左客右,助签人员分列两侧,负责翻开待签文本并向签字人指明签字处,双方其他人员分别按顺序站于各方签字人员之后。签字完毕后换文、握手、举杯庆贺。

89. 给外宾送什么纪念品

礼尚往来是人之常情,也是外交惯例。与外宾交往时,礼品选择尤其讲究分寸和含义。总的原则是突出纪念性,凸显礼轻情重,不应该也没必要赠送贵重礼物,否则,既有行贿之嫌,也未必赢得对方好感。

但是,给外宾送纪念品,也不能千人一面,而是尽量因人而异,使纪念品成为美好回忆的载体,要充分考虑色彩、图案、形状、包装等方面各民族的禁忌,禁送现金、有价证券、珠宝、药品以及容易引起异性误会的物品。

其实,给外宾送纪念品并非无章可循,只要把握几个关键环节,小礼物,大心意,就能起到意想不到的效果。

首先确定礼物价值。一般情况下,欧美等国客人注重礼物内涵价值而非货币价值,像景泰蓝、绣品、瓷器、字画等最具中国特色的礼品是他们格外喜欢的。其次是礼品选择。由于文化背景不同,各国来宾的爱好亦多有差异,但不论送何种礼品,都要重视包装,因为在外国人看来,包装是否精致,是与送礼者的心意成正比的。再次是送礼时机。各国友人均不习惯初次见面后即送礼品。中国人习惯于分别前赠送纪念品,英国人则多在晚餐或欣赏戏剧后赠送礼品,法国人却更愿意在重逢时馈赠礼品,如果想给对方惊喜,也可提前委托空姐,在飞机起飞后代送,不管哪一种方式,只要让客人感受到心意就是最好的形式。

90. 道别时千万不要依依不舍

千里相聚,终有一别。常见的送别形式有道别、话别、饯别和送行。

话别,即临行话别。以此种方式告别,在时间选择上要主随客便,并且预先通知。理想的话别地点是来宾下榻处。参加话别人员,应为宾主双方身份、职位对等者以及对口部门的工作人员。

饯别又称饯行。指来宾离别前,东道主特意为对方举行的宴会,此种方式较为郑重。

送行特指东道主在重要客人离开之前,委派专人前往来宾启程处与客人告别并目送对方渐行渐远。

道别所指即是与来宾广义上的分别。按照常规,道别由来宾首先提出,道别时,来宾常以"就此告辞""后会有期"作为告别语,主人则以"一路顺风""旅途平安"作为祝福。道别时应注意的环节有:一要适当挽留;二是起身在后;三是伸手在后;四是略送一程,等对方走后方能离开,但无须给人依依不舍之感。

为来宾正式送行的地点通常是来宾回程的出发处。如机场、码头、火车站等。如果来宾乘坐自带交通工具,可将其下榻处作为送行地点。

91. 献花学问可不少

送鲜花已成国际通用礼仪,但因为民族、文化背景等差异,同样一束花的寓意可能截然相反。一般情况下,鲜花具有两种寓意。

一种是通用寓意,也就是在绝大多数国家中形成高度共识并广为沿用的寓意。比如玫瑰、鸡冠花表示爱情,丁香表示初恋,柠檬表示挚爱,橄榄表示和平,桂花表示光荣,水仙表示尊敬,百合表示纯洁,茶花表示美好,长春藤表示成婚等,好似鲜花护照,基本可以通行世界。

另一种是民俗寓意,也就是在不同风土人情背景下,同一种花表达的意思可能有天壤之别,如果送花时不加注意很容易适得其反。比如:中国人喜欢菊花,而在西方黄菊则代表死亡,只能在丧礼中使用。中国人赞誉荷花"出淤泥而不染",但在日本却表示死亡。此外,一方水土养一方人,也养一方花俗花语,比如对花的色彩就有完全不同的偏好。中国人普遍喜爱红花,特别是结婚、祝寿时,红花预示着喜庆、吉祥,但西方国家却将送给新娘白色鲜花当做最好的祝福。

如同颜色一样,中外人士对于鲜花数量的认识也有不同。中国的喜庆活动送花必是双数,意为"好事成双"。但西方国家送花却讲究除"13"以外的单数。

92. 出入境时,你代表的是中国

倒退一百年,五大洲之间的交往仅仅依靠车载船渡,缓慢和闭塞严重影响着各种文化交融、渗透的速度;今天,世界已成地球村,漂洋过海夕发朝至,涉外交往像与邻居打招呼一般平常。恰如外交无小事一样,无论是机构还是个人,不管是商务还是旅游,一旦进入涉外场合,那么,每个人的每一句话、每个动作都代表着中国人的素质和形象,为了不给素有礼仪之邦的中国抹黑减分,任何一位中国公民都有义务提高修养,注重礼仪,从我做起,从现在做起。

从报纸上连篇累牍的旅游广告就不难觉出出境游的热度。随着中国人旅游目的地国的不断增加,五大洲都留下了中国人的足迹。井喷般的出境游大潮引出了不少微词,这种微词不是来自中国游客的人数,而是缘起中国游客的素质。一位美国华人导游曾经总结过中国人出国考察常犯的"七宗罪":不愿付小费、升他国国旗唱他国国歌时不够严肃、不懂女士优先、占用他人休息时间、着装不注意场合、随便抱摸小孩、不懂西餐礼仪。

上述"七宗罪"出自考察团,属集体行为,无独有偶,有业内人士对组团出行的散客团在境外的欠妥表现(属个人行为)也概括出七种陋习:脏——比如在公园内当众脱鞋搔痒,引人耻笑;吵——个别中国游客在飞机、车船、餐厅内高声谈笑,甚至入住酒店后也大开房门,肆意喧哗;抢——不守规则、不讲秩序似乎是国人通病,在航班上争抢行李箱,上车时争抢座位,好似万般皆下品,唯有抢字高;粗——个别中国游客缺少对他人起码的尊重及公共场所的基本礼仪。最典型者莫过随地吐痰和吸烟;俗——有些中国游客收入早与国际接轨,但礼仪远远未及接轨,一些陋习远渡重洋带至国外,令人侧目,比如在豪华酒楼就餐,大声催促上菜,双腿随便搭至椅子上,甚至将鞋脱掉盘腿而坐,引得旁人询问"他们为什么如此缺乏教养";窘——着装无视场合,有人西装革履蹲在街头歇脚,有人身穿睡衣在酒店大堂招摇过市,穿得不好无人责怪,但穿得失当自然受人非议;泼——个别游客在境外遇到纠纷时,火气冲天,摆出一副老子天下第一的架势,丝毫没有凭借法律维权或解难的意识。

这两大人群的不妥行为概括犹如一面镜子,照出了中国人出境时的"大众病"和"多发病",只要反其道而行之,就是一位彬彬有礼、受人尊敬的出访者,请时刻记住,在踏出海关的一刹那,你的名字就叫中国。

有必要在此再赘述一遍出入境的基本礼仪。

在任何地方观光时,都要爱护一切公共建筑、文物古迹乃至花草树木,遵守游客提示内容,不许拍照的不要拍照,不能触摸的不要触摸,更不能惯性使然,看见一处标志性建筑,就写上"到此一游"。随地吐痰、乱扔杂物是中国游客顽症,勿以善小而不为,素质和礼仪,不单指的是燕尾服和交响乐,更多的体现就是生活中这种再小不过的举止。

办理出境手续时,因为各国对于禁带物品的规定千差万别,因公出国(境)和因私出国(境)的规定也不尽相同,所以一定在单位有关部门或旅行社专业人士的指导下,备齐卫生检疫黄皮书(即国际预防接种证书)、物品申报单、入境登记卡(有时在飞机上填写)、有效护照等所需材料。

93. 赴宴都有哪些规矩

接到赴宴邀请,既可大快朵颐,又能结交新朋,何乐而不往?

但是且慢,细节彰示素质。赴宴简单,礼数需全。那么,一场欢宴,到底有多少必须牢记的礼节呢?

守约是你给别人递上的第一张名片。

接到邀请,要尽快答复举办方,答应出席后,不可随便改动。如遇特殊情况,无法按期赴宴,必须第一时间通知主人,说明原因,致以歉意。

赴宴时,按照请柬标明的时间适时到场即可。守时既是对主人尊重的表现,也是个人素质的体现,绝不可大意。一般情况下,宴会前三到五分钟到达最为合适。

落座后,姿态宜既放松又不显散漫。与来宾攀谈,双手切忌托住下巴,那样容易给人留下急于开宴的印象,不断整理头发或者揉搓台布等也属多余动作。

主宾宣布宴会正式开始前,不能先期动筷。如果你要吸烟,必须征求周边女士意见,获得许可后才能过把瘾,但前提是就餐区不是明确标明的禁烟区。

餐巾使用大有讲究,一般放在双膝上,餐巾非毛巾,拿过来擦脸很不文雅,仅可用巾角轻沾嘴唇与嘴角。餐毕应将餐巾叠好,不能揉成一团,更不能别在领口处或者用来擦拭刀叉和碗碟。

开始上菜了,你也要在心底默念"八项注意"了。

嘴里含着食物时,先不要张口与人交谈。嘴角和脸上更不能沾挂食物残渣。

尽量不在餐间剔牙,如不得已一定用手或餐巾遮挡。克制不住咳嗽、打喷嚏或打哈欠时,也要如此并且在转回身时说声"抱歉"。

汤很烫时,略等等再喝,不能用嘴去吹,喝汤时记着用汤匙,静静地喝,如果发出"咕噜咕噜"等不必要的声音是不受欢迎的。

夹菜时,要等转盘转至面前时再夹,一次夹菜不宜过多,夹菜时不要碰到邻座。

口中的剩骨和鱼刺不要吐在桌上,而应用餐巾掩口,用筷子取出放在碟里。

当其他客人未吃完时,不能独自离席。

宴会结束,赴宴者应起身离座,不可贪杯恋菜,余兴误席,更不能不加控制地打饱嗝或嗳气。

男宾先起身,为年长者或女士移开坐椅。

此刻进入告别时间,按照礼貌,来宾道谢,但不是感谢宴会丰盛,而是感谢主人让自己度过了愉快时光。切记不要探听宴席价格,以免主人误解。如主人备礼相赠,不论价值,都应欣然收下,绝不能借口不便携带而推辞,或收下之后转手送与他人。除此之外,来宾还可在返程途中给主人打个电话或发送短信再次致谢,给双方留下另一种回味。

94. 小费单后"写"着你的为人

权威的说法是,"付小费"风俗起源于18世纪的伦敦。当时,有些酒店的餐桌上摆着一只别出心裁的碗,上面写有"保证服务迅速"的字样。哪位顾客如果将零钱投入碗中,就能够立刻得到服务员及时而周到的服务,这种做法,渐渐地被广泛效仿,成为"给付小费"的惯例。

出境旅游讲求入乡随俗。在服务水准普遍较高的发达国家,"付小费"更像是一种仪式或评价,是对侍者工作的认可与感谢。除去有些旅行团统一规定的标准外,小费可多可少,量力而行,但出境前,一定仔细询问目的地国关于小费的规矩,以免双方尴尬。

在亚洲地区,泰国是需要向侍者付小费的,而新加坡则禁付小费否则会被认为对其服务不满意。在美国,付小费几乎成为买单的一部分,属于最为常见的礼节性行为。

在国外支付小费,类似国内一些星级酒店的服务费,一般标准在消费金额的5%—10%,像瑞士的饭店、餐馆虽然不公开收取小费,但司机可按规定收取车费的10%作为小费,这个10%是有明文要求的。而在非洲地区,收取小费是规定动作,因为这些国家从事服务业的绝大多数为老人和小孩,小费是唯一的收入来源。如遇顾客忘付小费,他们一般会尾随索要。

所以,出境消费时,应该将小费作为必须支付的旅游成本,做好充分的心理准备,否则就会觉得这部分费用不翼而飞,有一种快刀割肉的痛感,即便勉强支付,也是满心不愿,显得少了一份慷慨之气。

95. 接待多批客人技巧

每场婚礼都会遇到多批客人到来的情形,主家在迎候时,不要厚此薄彼。一般情况下,后来之客进门时,主人应向先到者抱以歉意,然后起身迎接新客人,并将其介绍给早到来宾,使其彼此结识。

如果两批客人同时到来,可视不同情况区别接待。假如客人之间十分熟悉,且有共同话题,主人不妨将其合二为一、同时接待。假如两批客人互不认识,一般按照进门顺序接待。但是,如果先来客人属于常客,后来客人属于稀客;先来客人仅单纯出席婚礼,后来客人有要事相商;先来客人是平级或下属，后来客人是长者或上级，以上几种情况下，在征得先来客人同意后，可与后来客人先行交流，但要委托家人负责招待好先来客人。

96. 你懂得敬茶的学问吗

"谈笑有鸿儒，茶香沁来人"是中国人追求的社交境界。茶圣陆羽给喜茶之人划定的标准是"精行俭德之人"，茶在中国的人际往来中占有无可替代的地位，历来就有"客来敬茶"民俗。书法大家颜真卿所作《春夜啜茶联句》中有"泛花邀坐客，代饮引清言"之语，正是"茶表敬意、茶可雅心、茶可行道"的最好佐证，茶已经成为中国文化的符号之一，那么，如此丰富的内涵必然连带着中规中矩的礼仪。

概言之，敬茶礼仪共有三部曲，它们分别是——

第一，茶具洁。冲茶前一定将茶具冲洗干净，最好用开水烫一遍茶壶、茶杯。这样，既讲卫生又有礼。当下接待来宾多用一次性纸杯，那么，倒茶前要套上杯托，以方便客人端杯。

第二，水适量。茶叶施放要恰到好处，多则过酽，少则过淡，一般以盖住杯底为宜。倒茶原则是"七分满"。也就是说奉茶时无论大杯小杯，茶都不要太满，以七分为宜，寓意七分水，三分情。当有两位以上客人时，所奉茶色务必均匀，主人左手捧住茶盘底部，右手扶着茶盘边缘，如有茶点，注意置于客人右前方，而茶杯则摆在点心右边。

第三，端得对。中国的传统习惯是用双手端茶。如果茶杯有杯耳，方法是一只手捏住杯耳，另一只手托住杯底，端茶敬客。没有杯耳的茶杯倒茶后杯身发烫，可以用托盘托至客人面前，再转放桌上，绝不能用五指捏住杯口边缘递送，因为那样既不雅观也不卫生。

以咖啡或红茶待客时，杯耳和茶匙握柄要朝向客人右侧，并为每位客人准备一包砂糖和奶精，将其放在杯旁或小碟上，方便客人自取。选茶时宜将客人籍贯因素考虑进去，北方人喜饮花茶，江浙人喜饮清香绿茶，闽粤人喜饮酽浓的乌龙、普洱等茶。

客人也要以礼还礼，双手接过。小口为品，大口为饮，品茶的动作自是前者，一苦二甘三回味，妙在唇齿留香。壶中茶叶根据品类不同可反复浸泡3至7次，客人杯中之茶所剩无几时，主人应及时续上，添茶时要先人后己，此处须要特别注意的是，一定要待客人离开后，才能收拾茶具。

"客来敬茶"是中国人待客传统礼节，作为被敬者，自然不能无动于衷,那么,他们要怎样以礼还礼呢?这里边有一个在全世界华人中流传最广、运用最多的动作便是"屈指带跪",这个动作也叫"金鸡点头",就是在别人给你倒茶时,右手握拳,大拇指指尖对准食指第二指节,用食指和中指第二节的表面轻击桌面三下,而不是像对茶道一知半解之人那样漫不经心伸出两根指头点两下或是将大拇指、食指和中指捏在一起犹如小鸡啄米那样"啄"几下,或是拿食指和中指的指肚"磨"两下桌面,这些其实都是山寨版的动作,因为只有那个标准动作从侧面看才是下跪之人的双腿,立起来用第二节指面点击三下暗含"三跪九叩"之意。

杯中小世界,轻啜大人生。品茶不仅品味,还要品仪——品茶姿势同样重要,是一个人修养的晴雨表。

品茶时,主宾落座后,务必端坐椅中,双腿并拢,上身挺直,表情自然。女性右手在上,双手虎口交握,置放胸前或面前桌沿;男性双手分开如肩宽,半握拳轻搭于前方桌沿。日、韩友人习惯跪坐,国际间茶文化交流多用此势。跪姿分跪坐、盘腿坐、单腿跪蹲。跪坐即日本的"正坐",两腿并拢,双膝跪于坐垫之上,臀部又坐于双足之上。盘腿坐仅限男性,双腿向内屈伸相盘,双手分搭两膝。单腿跪蹲常用于奉茶,左膝与着地左脚呈直角相屈,右膝与右足尖同时点地。

饮茶过程中也有不少主宾互动的礼仪,除去前面介绍的"屈指带跪"外,还有几项礼仪不可不知。

鞠躬礼。分为站式、坐式、跪式三种。其中"真礼"用于主客之间、"行礼"用于客人之间,"草礼"用于交谈前后。"真礼"要求行九十度礼,"行礼"与"草礼"弯腰幅度并不作过多要求。

伸掌礼。这是中国人最熟悉的礼节动作,表示"请",主客均可使用。具体姿势为将手斜伸在所敬奉物品旁,四指并拢,虎口稍开,手掌略微内含,似有一团和气在掌心流动,同时欠身微笑,宾主尽欢。

寓意礼。这种祝福礼仪常由茶师代劳,最为常见的动作即凤凰三点头,与"屈指带跪"异曲同工。具体动作为手提壶把,高冲低斟反复三次,恰好注满茶杯,寓意向来宾三鞠躬以示欢迎。

双手回旋礼。在注水、斟茶、温杯、烫壶时,务必注意回旋方向。用右手时必须按逆时针方向,用左手时必须按顺时针方向,貌似与人打招呼,寓意"来、来、来",如果相反则变成"去、去、去"改为逐客了。续茶结束时,茶壶的壶嘴不能正对他人,否则则为大不敬。

时下,无论是家中宴客,还是茶社会友,"功夫茶"越来越受到青睐,而且很多人喜欢亲自"披挂上阵"为友人奉茶,以充分表达敬意。"功夫茶"有一套严格的操作过程,缺一不可,绝不可随意省略。其间的步骤多达10项——嗅茶。主客坐定后,主人取出茶叶介绍其特点和香型,并依次传至每位客人嗅赏;温壶。先将开水冲入空壶使其温热后把水倒入"茶海";装茶。用茶匙向空壶中置入茶叶,通常装满半壶;润茶。用沸水冲入壶中,待壶满时,用竹筷刮去壶面条沫将茶水倾入"茶海";冲泡。到这一步才是正式泡茶时间。冲泡时要用90°C左右开水,不宜用沸水;浇壶。盖上壶盖后向壶身浇注开水,使壶内外温度一致;温杯。这时可在茶海中利用温壶、润茶之水浸洗茶盅;运壶。第一泡茶泡好后,提壶在"茶海"边沿巡行几周,直到壶底水滴全部滴净;倒茶。将茶盅一字排开,提壶迅速来回冲注,俗称"巡河";敬茶。主人双手捧上第一杯茶敬奉在座客人。

　　看了这些,你是不是觉得品茶绝不是一件轻而易举的事情,里面居然藏着这么多的学问?最后,还要再啰嗦几条重要的注意事项,一是主人在泡茶待客前,一定要将好茶置于茶盘中供客人挑选并与其一同检验茶的外形、色泽和香气。在茶皿中取茶时,记住必须使用竹、木茶匙,绝对不能用手抓取;如果没有茶匙,权宜之计可将茶皿倾斜将茶叶倒入壶或杯中;二是品茶时切忌像喝白酒那样"一口闷"或"亮杯底";三是品茶时最好不要吸烟。如果实在烟瘾犯急,至少也要在五泡之后,征得主人同意后再去喷云吐雾,而刚一落座就遍发香烟是极其失礼的行为;四是茶性恬淡,品茗礼仪要求主宾着装大方,一切与茶性协调。

97. 称谓他人,你会"三思而呼"吗

称呼他人与被他人称呼是每个人每天都要遇见和面对的。可别小看一句几个字的简单称呼,里面传递着修养、品位以及彼此间的角色、态度、地位和亲疏等多种信息,也是你留给他人的第一印象。如果称呼失当甚或错误,会使被称呼者极其尴尬,甚至会将一次会见搞得不欢而散,所以,称

呼他人时,绝不能口无遮拦,一定有十足把握再开口,其间有几个细节值得注意。

一是读音一定准确。读错被称呼者姓名是失礼行为。很多姓氏是多音字,如"查"、"盖"、"单"等,必须做好事前功课,如果在社交场合一时拿不准,可以先听听他人如何称呼。

二是避免过时词语。比如在很多正式场合,无论称呼谁为"师傅"、"伙计"都显得有些唐突,不如按性别统称为先生或按照职务直接称呼对方的头衔。

三是不能侮辱他人。主要指以他人的生理缺陷或不雅绰号作为称呼,不仅对他人失敬,也是对自己的不尊重。

称呼长辈、平辈时,应用"您"字;对待晚辈方可称"你"。对身份或年纪高者,应称"先生"。对文化、教育界人士应称"老师"。对德高望重者称"公"或"老"彰显尊重。平辈亲朋间、长辈对晚辈均可直呼姓名;但晚辈不能这样称呼长辈。对关系亲密的同性亲朋可直呼其名,但对异性则不宜如此称呼,否则显得过于亲昵。对邻居、至交可用类似血缘关系的亲切称呼,像"爷爷"、"奶奶"、"大爷"、"大妈"等。

工作场合的称呼主要有姓氏之后加上职务性称呼,如"王总"、"李经理"等和职称性称呼两种,如"张教授"、"刘主编"等。

98. 以礼待"E妹"

在"E妹"(电子邮件的俗称)几乎完全取代传统信件的今天,电子邮件中的礼仪问题似乎并未受到应有的重视,使用者在求快的同时,往往忽略了其间的文化内涵。其实,电子邮件作为传统信札的变种或替代品,也有许多需要下番工夫研究的规矩。

既然求快,前提必是简洁。因此,电子邮件适合提纲挈领的表达,不能使用含糊不清的标题,比如《嘿!》、《看看给你的东西》、《好消息》之类,不然很容易被接信者以为是垃圾邮件打入冷宫。

重要信件一定坚持一人一信原则,试想,谁愿意在阅读一封重要邮件时先去查看同时收信的几十个邮箱名称或者原件中的主题、地址和日期呢?

回信尤需技巧。回复邮件最好只将相关问题复制至回件后再附上答案,尽量不用"回复"键,因为那样会使来信中全部内容出现在回件中,给收信人徒增阅读筛选量,也容易将最想表达的意思淹没其中。

要不要抬头和落款是困扰很多发件人的问题。他们认为,电子邮箱不就是寄、收信人的"身份证"吗,还有什么必要再去称呼对方和信尾签名?此言差矣,既然是传统信札的替代品,就具有与其相同的属性。鸿雁传书时代,信封上同样有收信人和寄信人姓名,但谁会不在内文中不署对方称呼和自己落款呢?同理,电子邮件也是这样,在邮件中注明收信者及寄件者大名是礼节体现,绝非画蛇添足,它表达的是寄件者专注地向收信者在叙述一件事情,征求一个意见或是请求一次支持,一抬头,一落款,尊重与热情尽在其中。

除一般交际外,目前,商务电子邮件使用最为广泛,数量最为巨大,其间的礼仪问题也越来越受到重视。

商界有句流行语是"在商务交往中要尊重一个人,首先要懂得替他节省时间"。所以,商务电子邮件切忌长篇大论,重点不清,更不能使用生僻字、异体字,给对方增加阅读难度;引用数据、资料时,最好标明源头出处,以便收件人核对。

99. "地主"应该做什么

任何一场欢宴,都由主宾构成。作为请客方的东道主如何尽到"地主"之谊,其间的火候怎样拿捏才能让来宾既愉快又难忘,的确要下些功夫。

客人到来时,主人应主动迎候并将客人引至房间一一落座。餐桌主席留给年高德重者或最为重要的客人。同时要考虑将拥有共同话题的客人安排在相近位置。

此时,设宴方要及时介绍来宾,原则是先向地位高者、年纪长者和女士介绍其他来宾。然后,宴席正式开始,设宴方作简短致词,说明宴请目的并向各位来宾致以良好祝愿。尽管有服务员全程服务,但为表重视,设宴方最好按照先奉老后奉少、先奉生后奉熟的顺序,亲手为来宾奉上第一杯茶(单手为"递",双手为"奉",长辈、上级用"递",晚辈、下级用"奉")。

接下来便是点菜环节。如果时间允许,可以征询每位来宾的意见;如果为了避免起菜时间太久或是来宾谦让点菜权,主人也不必勉强,尽可自行安排,但过程一定要短,不要犹豫不决,只需将重点菜和口味菜询问来宾,其他做到"三看"即可：一看来宾年龄,二看菜料搭配,三看是否应季。如果宴请客人以中老年人为主,则应多点质地软嫩、口味清淡、做工精细的菜肴。如果用餐者以青年人为主,可点部分味道浓香、油脂较多的硬通菜,以免客人"不解馋"。如果女客较多,可点部分酸甜口味菜肴或甜味小点。同时,原料兼顾多样化,绿蔬、菇类、豆腐、海鲜、鱼类、畜肉、禽肉花样穿插,保证营养平衡。古谚"春多酸,夏多苦,秋多辛,冬多咸,调以滑甘"。饮食本应因乎时令而调整,如夏季炎热,菜宜清爽;秋冬寒凉,口味可重。

特别需要强调的是,在守法出行、表率文明的新时代,设宴方有义务确保驾车赴宴来宾不沾含酒精类饮品。

100. 如何敬酒恰到好处

俗话说,无酒不成席。恰到好处地敬酒既能加深感情,也能活跃气氛。特别是那些发自肺腑的祝福语更是温暖的填缝剂,使主宾获得一种亲密无间的享受。常规的、局部的敬酒可以随时进行,但正式祝酒词宜选在特定时间,不能影响来宾用餐,一般在宾主入座后、用餐开始前进行,也可在吃过主菜后、甜品上桌前进行。敬酒手势也很关键,大多采用起身站立式,一手端起酒杯,另一手托扶杯底,面带微笑,目视祝酒对象,同时送上祝福语。干杯前,象征性地和对方碰一下酒杯;碰杯时务必将自己的酒杯低于对方的酒杯,以示尊敬。当你离对方较远时,可用杯底轻触桌面,以此代替和对方碰杯。

一般情况下,敬酒依照年龄、职位、宾主为先后顺序,同桌如有不熟悉的来宾,可先询问知情人或留意别人对其称谓,之后再行敬酒以免尴尬。

在正式场合为人斟酒,啤酒和葡萄酒一定放在桌上而不能端在手中。首轮敬酒时,主人可按逆时针顺序亲自为全体来宾斟酒,从左侧客人开始,最后轮到自己。如有领导在场,应从领导位置开始斟酒,如果领导较多,位置又分散,不妨请服务员代劳,反倒不失礼仪。

下面就是敬酒前的斟酒程序、方法及容量。

红酒的斟酒程序:软木塞酒瓶开瓶后,主人应先倒入自己杯中少许,鉴别是否存有不良软木味,如果口味不正,应另换一瓶。斟酒时要将商标朝向客人,切记瓶口对着客人是极不礼貌的。白兰地只需斟 1/3 杯或更少些;红葡萄酒斟至 2/3 杯为宜;白葡萄酒可以斟至酒杯一半处;而葡萄汽酒则可斟至酒杯的 3/4 处。

白酒的斟酒程序：白酒斟酒礼仪较之红酒相对宽松，但也要注意酒杯不能太满，虽有俗谚称"茶半酒满"，其实此处之"满"更偏重于概数，指的是七八分满，否则容易使客人碰杯时将酒洒在手上或桌上。

须要特别提醒的是，无论家宴还是在酒店，敬酒前务必将酒瓶展示给客人。另外，将喝酒数量作为判断感情深浅的标志，强人所难，喝坏健康，实在是曲解了敬酒的本意，属于必须戒绝的陋习。